大武壠

人群移動、信仰與歌謠復振

作者 劉正元、簡文敏、王民亮

獻給大武壠

總序 開啟高雄文史工作的另一新頁

　　文化是人類求生存過程中所創造發明的一切積累，歷史則是這段過程記載。每個地方所處的環境及其面對的問題皆不相同，也必然會形成各自不同的文化與歷史，因此文史工作強調地方性，這是它與國史、世界史的差異所在。

　　高雄市早期在文獻會的主導下，有部分學者與民間專家投入地方文史的調查研究，也累積不少成果。唯較可惜的是，這項文史工作並非有計畫的推動，以致缺乏連貫性與全面性；調查研究成果也未有系統地集結出版，以致難以保存、推廣與再深化。

　　2010 年高雄縣市合併後，各個行政區的地理、族群、產業、信仰、風俗等差異更大，全面性的文史工作有必要盡速展開，也因此高雄市政府文化局與歷史博物館策劃「高雄文史采風」叢書，希望結合更多的學者專家與文史工作者，有計畫地依主題與地區進行調查研究與書寫出版，以使高雄的文史工作更具成效。

　　「高雄文史采風」叢書不是地方志書的撰寫，也不等同於地方史的研究，它具有以下幾個特徵：
　　其一、文史采風不在書寫上層政治的「大歷史」，而在關注下層社的「小歷史」，無論是一個小村落、小地景、小行業、小人物的故事，或是常民生活的風俗習慣、信仰儀式、休閒娛樂等小傳統

文化，只要具有傳統性、地方性與文化性，能夠感動人心，都是書寫的範圍。

其二、文史采風不是少數學者的工作，只要對地方文史充滿熱情與使命感，願意用心學習與實際調查，都可以投身其中。尤其文史工作具有地方性，在地人士最瞭解其風土民情與逸聞掌故，也最適合從事當地的文史采風，這是外來學者所難以取代的。

其三、文史采風不等同於學術研究，書寫方式也與一般論文不同，它不需要引經據典，追求「字字有來歷」；而是著重到田野現場進行實際的觀察、採訪與體驗，再將所見所聞詳實而完整的記錄下來。

如今，這套叢書再添劉正元教授、簡文敏教授及王民亮先生的《大武壠──人群移動、信仰與歌謠復振》，為高雄的文史工作開啟另一新頁。期待後續有更多有志者加入我們的行列，讓這項文史工作能穩健而長遠的走下去。

「高雄文史采風」叢書總編輯　謝貴文

　　2016 年 10 月 6 日本市大武壠族（或稱大滿族）後裔在杉林區日光小林社區召開「大武壠族跨部落族群共識會議」，決議大武壠族自我認同，正名獨立成族，籲請外界了解與尊重族群文化差異的基礎之下，不再以「西拉雅族」或「西拉雅族大武壠社群」稱呼。這項決定不只是民族學族群分類的重新區辨，更為重要的是彰顯了 2009 年莫拉克風災之後，族群自覺、自省與復振重生的歷史開創。

　　對於大武壠是否有別於西拉雅，另成一族？學者意見不一，其原因可能與荷蘭時期史料及日治時期的語言調查有關。依荷蘭時期史料，有關西拉雅與大武壠的紀錄分散在東印度公司、教會與私人遊記之中，不過當時的紀錄或因紀錄者的意圖，部分紀錄內容受到質疑，如費羅禮（Ferrell）認為 Georgius Candidius 書寫臺南地區平埔原住民八個部落時，並未前去大武壠，他認為大武壠在語言與文化上與西拉雅不同，是不同的族群。另外，日本語言學者土田滋依據語言資料把西拉雅、大武壠、馬卡道等分別成為獨立族群。李壬癸早期的族群分類，雖也將大武壠視為西拉雅分支，但在後續音辨和構詞的研究指出，Taivuan（大武壠）跟西拉雅、馬卡道兩種語言似乎有較多的差異，李壬癸認為「Utrecht 稿本是根據 Siraya 語，《馬太福音》跟《基督教義》那二部書卻都是根據 Taivuan 語」。李氏認為整個南島民族，語言最紛歧的地區是在臺灣，而臺灣南島語言最紛歧的地方在南部，進而推論嘉南平原有可能是古南島民族

的祖居地。以上這些研究成果提示大武壠與西拉雅之間的文化差異與複雜性。

　　不僅是語言，人口數據的變化與傳統信仰的留存，顯示大武壠文化的特殊性。荷蘭時期大武壠在今臺南市玉井盆地與其周圍，與西拉雅其他大部落相比，人口數不及於西拉雅總人口的六分之一，但近三百年前遷徙至本市楠梓仙溪、荖濃溪中上游之後，人口數相對增長快速。依據日治時期昭和10年（1935）高雄大武壠生活區「熟番」人數（甲仙：1,801人，杉林：2,244人，六龜：2,720人，合計6,765人），再加上內門（如溝坪）與留在臺南與其他族群共居者（如南化、楠西、六重溪、玉井等），約相當於西拉雅族人口數，然而族群人數增長比率卻遠較西拉雅高。此外，相較高雄市其他原住民族群，大武壠是目前原住民人口數最多者。

　　大武壠人數增長，除了避居沿山地帶，吸納從西拉雅、馬卡道人移入的地理因素之外，透過綿密的婚姻關係、生活互助，形成以親屬與姻親為基礎的南島語族社會特質；其文化融合力同時表現在傳統太祖信仰多姊妹的傳說上，使得其他族群進入大武壠生活區之後，形成具特色的大武壠文化區。

令人欣慰的是，2009 年莫拉克風災之後，大武壠文化復振如雨後春筍，小林、阿里關（今關山）、荖濃、六龜、杉林等地紛紛興起。其中以大滿舞團尤具特色，成立至今已分別前往日本、韓國、馬來西亞等國外演出，2019 年莫拉克十週年之際，並規劃全國大型巡迴展演，充分展現大武壠族文化特質與勇敢堅毅的精神。災難能激發族群最為核心的特質，大滿舞團不僅透過展演古謠呈現早期生活樣貌，其組成與運作模式，同時體現早期太祖多姊妹的傳說，重視以家庭親屬關係融合部落的精神，以愛相互協助療傷，當面對如此重大災難時，能發展舞團成為新「家」性質的團體，並有創新文化走向的可能。

基於上述的理由，本書分從大武壠族人群移動與組成、太祖祭祀的起源與變遷、文物典藏與應用、舞團文化復振與療傷，以及風災後大武壠生活區的重建概況做為內容。在此之前，學術界還未有正式出版專門介紹大武壠的書籍，這本書由我們三位作者協力完成，期間感謝高雄市立歷史博物館楊仙妃館長、研究部莊書豪、余姿慧館員編纂上的建議與指導；清水純教授、博士生陳瑤玲、博士生陳由緯、助理郭萬蔚、黃郁婷、陳亮妤、許齡文、簡昊宇協助資料蒐集；頂荖濃潘麗華女士、阿里關葉志禮先生、甲仙游永福先生、日光小林徐銘駿先生等提供寶貴資料；方麗雲老師協助校稿；稻垣孝雄老師及張亦瑾博士生協助日文翻譯；巨流編輯鍾宛君、毛湘萍等提供

編輯上的協助，方能成就此書。本書的編輯出版不僅是執行政府推動文化資產保存與傳承的政策，也凸顯高雄市大武壠族群文化的特殊性與能動性，期待成為建構其族群性發展的新開端。

劉正元
簡文敏
王民亮

2018 年 11 月 20 日

IV　總　序

VI　作者序

1　緒　論

第一章　大武壠歷史、族群移動及組成

13　第一節　歷史移動中的大武壠熟番

20　第二節　遷徙至高雄甲仙、六龜、
　　　　　　杉林的大武壠熟番

28　第三節　遷徙至六重溪的大武壠派社

31　第四節　移住花東大庄的大武壠熟番

36　小結

第二章　大武壠太祖祭典

38　第一節　太祖傳說與祭祀的起源

54　第二節　大武壠太祖祭祀的文獻回顧

66　第三節　向頭與尪姨

70　第四節　1996 年文化復振後至今

85　小結

大
武
壠

人
群
移
動
、
信
仰
與
歌
謠
復
振

第三章　大武壠文物典藏與應用

88　第一節　大武壠文物與其應用

96　第二節　大武壠文物在臺灣各博物館典藏

105　第三節　日本博物館（機構）典藏

108　小結

第四章　聽見大武壠的聲音

110　第一節　大滿舞團成立

114　第二節　我們想回家跳舞

121　第三節　找回消失的古謠

132　小結

第五章　現況與展望

135　　第一節　族群遷徙及人口分布現況

138　　第二節　大武壠族文化復振團體現況

150　　第三節　大武壠族族群復振意義

153　　第四節　結論：從「去埔入漢」到「去漢變番」

參考文獻

156　　參考文獻

附錄

170　　附錄一：林清財譯解〈搭母洛〉

　　　　　　　　（提供小林太祖祭祀使用版本）

175　　附錄二：相關歌謠

181　　附錄三：大滿舞團歷年大事紀

186　　附錄四：大武壠族跨部落族群共識會議聲明稿

188　　附錄五：大武壠各資源單位（團體）一覽

圖次

【圖 1-1】大武壠群遷徙圖 9

【圖 1-2】17 世紀以降大武壠族各社群遷徙分布圖 22

【圖 2-1】立向竹時備祭品祭祀 71

【圖 2-2】向竹 71

【圖 2-3】族人祭祀 72

【圖 2-4】公辦夜祭 72

【圖 2-5】公廨內牽戲 73

【圖 2-6】公廨外牽戲 73

【圖 2-7】大鼓陣 73

【圖 2-8】大滿舞團演出古歌謠 73

【圖 2-9】藝陣 73

【圖 2-10】走鏢 74

【圖 2-11】狩獵體驗一 74

【圖 2-12】狩獵體驗二 74

【圖 2-13】太祖祭祀「尪姨」 75

【圖 2-14】1999 年阿里關夜祭耆老金枝葉祭祀太祖的情形 75

【圖 2-15】因公廨缺電，祭祀時點蠟燭進行 76

【圖 2-16】立向竹 76

【圖 2-17】公廨祭祀一 76

【圖 2-18】公廨祭祀二 76

【圖 2-19】祭品擺設 77

【圖 2-20】祭祀 77

【圖 2-21】牽戲 77

【圖 2-22】荖濃舊公廨 78

【圖 2-23】陳家太祖 78

【圖 2-24】荖濃新公廨 79

【圖 2-25】向竹 79

【圖 2-26】向笴尾端成竹籤狀插肉片 79

【圖 2-27】祭品一 80

【圖 2-28】祭品二 80

【圖 2-29】祭品三──生活用品 80

【圖 2-30】公廨內唱誦〈搭母洛〉 81

【圖 2-31】公廨內唱誦〈搭母洛〉 81

【圖 2-32】公廨內唱誦〈搭母洛〉 81

【圖 2-33】牽戲一 82

【圖 2-34】牽戲二 82

【圖 2-35】牽戲三 82

【圖 2-36】社區工藝 82

【圖 2-37】工藝展示 83

【圖 2-38】活動演出 83

【圖 2-39】活動演出 83

【圖 2-40】屏東高樹鄉加蚋埔族 84

【圖 3-1】女班碑頂端缺口 94

【圖 3-2】六龜蕃仔佛 94

【圖 3-3】兩者缺口比較 95

【圖 4-1】2019 臺中國家歌劇院售票公演海報 111

【圖 4-2】大滿舞團首次在正式舞臺演出 113

【圖 4-3】2018 年 10 月在韓國水原華城行宮演出 118

【圖 4-4】大滿舞團首場售票演出〈老溪孀〉 119

【圖 4-5】大滿舞團首場售票演出〈披籤仔〉（傳統生活舞蹈）...... 119

【圖 4-6】大滿舞團首場售票演出〈依阿達賽〉（大武壠族古謠）... 120

【圖 5-1】2013 年荖濃太祖夜祭活動海報 141

【圖 5-2】大滿舞團 2011 年首次展演 146

【圖 5-3】大武壠歌舞文化節海報 146

【圖 5-4】日光小林居民烘焙製作老梅餅 151

【圖 5-5】「無比梅好」老梅餅 151

【圖 5-6】大滿舞團參與五里埔小林夜祭表演 152

【圖 5-7】大滿舞團 2014 年赴日本岩手縣的山田町表演 152

【圖 5-8】大滿舞團參與高雄春天藝術節見城表演 152

【圖 5-9】荖濃太祖祭典荖濃國小學生鼓陣表演 152

表次

【表 1-1】Tevorangh 村落人口數資料 14

【表 1-2】日治時期蕃薯寮廳平埔調查 21

【表 1-3】四社熟番所建村莊與現行行政區域對照表 25

【表 2-1】高雄地區大武壠太祖傳說統整表 39

【表 2-2】大武壠向頭與尪姨比較表 69

【表 3-1】臺灣各館所藏有關大武壠衣飾類文物 97

【表 5-1】大武壠族主要聚落分布與四社熟番系統 135

【表 5-2】大武壠族主要分布區人口推估人數 137

【表 5-3】大滿舞團活動行程表（2018 年 1 月至 6 月）............... 147

【表 5-4】大滿舞團活動行程表性質分析 149

緒論

劉正元、簡文敏

　　民國 98 年（2009）莫拉克風災造成高雄楠梓仙溪（旗山溪）與荖濃中上游原住民生活區重大災難，尤其是小林部落。當時因持續大雨阻斷交通，小林倖存者直到民俗上「頭七」（民國 98 年〔2009〕8 月 15 日）才能回到原址祭拜。[1] 這一週的時間，電視媒體絕大多數以失親的悲戚與災民抗議政府處理不善的憤怒做為報導重點，然而，村民面對災變有著多種行為反應。久未見面的親友相遇，彼此安慰；或以「外面的人是人與人鬥，總想把別人踩在腳下；我們是與天鬥，能怎樣？」，面對無法對抗的自然界，使用自稱的「冷笑話」來化解哀傷。他們靠這片自然山林滋養生命，自然界宛如母親；風暴來臨之時，卻又如魔獸。[2] 面對這樣重大的集體災難，自然會有這樣的情緒反應。

　　莫拉克風災影響層面廣泛，政府與民間投入眾多資源重建，以小林為例，依據行政院莫拉克颱風災後重建推動委員會的統計，重建投入的金額超過 15 億元，三處（甲仙小林武五里埔、杉林日光

1　「頭七」當日甲仙區公所在地方文化館旁舉行頭七法會，清晨請法師到小林部落引魂。

2　Hoffman, Susanna M., " The Monster and the Mother: The Symbolism of Disaster.", In Susanna M. Hoffman & Anthony Oliver-Smith (eds.), *Catastrophe & Culture:The Anthropology of Disaster*, pp. 113-142. (School of American Research Press, 2002). 小林少數人傳言是有人殺了穿山甲，忽略來自腥味的警告，不過以村民的想法來說，普遍認為是政府在此地越域引水工程時，以炸藥鑿開水道，天災時加劇所造成，目前（2018）村民還在申請國家賠償中。

小林、小愛小林）永久屋基地共276間、小林國小、小林平埔族群
文物館、公廁、小林紀念公園、公祠，與各項生活、就業、文化、
景觀相關公共設施等，[3] 能了解政府與社會各界投入災難重建的努
力。但是，這些重建工作偏重在硬體建設，小林大滿舞團團員徐銘
駿在莫拉克風災後五年，前往日本山田町義演前在行政院的記者會
（民國103年〔2014〕7月8日）中公開的感言：

> 所有的硬體設施，可能已經重建好了，那……可
> 能大家覺得已經……已經它好了，可是……心靈的部
> 分是還沒好的……

　　徐銘駿中斷、哽咽流淚的話語，說出了重建最為艱辛的心靈重
建工程。他所稱的心靈層面與大滿舞團致力傳承大武壠歌謠、文化
與太祖（Kuba祖）信仰有關。沈淑貞等曾針對日光小林莫拉克風災
受創者集體療癒歷程的研究結果提出四大主題，[4] 其中之一指出過去
未曾參與傳統文化的小林人因擔心文化傳統消失，開始主動學習並
創新，擔負傳承文化的責任，最後並呼籲重視集體創傷的問題，即
是反映與傳統文化的重新連結，對於個人生命意義的重生，具有重
要的意義。

3　陳振川總編，《文化保存與血脈傳承：重建小林村》（臺北：行政院莫拉
　　克颱風災後重建推動委員會出版，2012）。

4　沈淑貞、曹玉玫、顏永杰、李宛津、范聖育，〈莫拉克風災受創者集體創
　　傷經驗與療癒歷程初探〉，《臨床心理學刊》，7（1）（2013），頁25-
　　26。

災難通常能揭露社會的結構性質，包括親屬制度和其他關係的連結與維繫；而社會如何看待災害、災難以及長期的應對方式，是其環境適應與意識形態調適的指標；這些文化適應包括宗教信仰以及富警示性的民俗和民間故事。[5] 早期小林、阿里關太祖（Kuba 祖）祭祀有乞雨儀式與唱〈七年飢荒〉的古謠，[6] 即是遭遇天災時應用神靈信仰的紀錄，太祖（Kuba 祖）信仰不僅能作為大武壠人遭遇災難的研究，也能藉此了解大武壠社會與宗教信仰的文化適應模式。

基於上述的體認，高雄市立歷史博物館在民國 106 年（2017）進行高雄地區大武壠族傳統民俗的調查計畫；除了廣泛蒐集小林、阿里關、荖濃三地的太祖祭祀與相關民俗之外，更前往日本國立東京外國語大學亞非研究所、天理大學附屬天理參考館、日本大阪國立民族學博物館等三地，探查日本博物館收藏大武壠文物及保存情形。另外，高雄市立歷史博物館楊仙妃館長並親自前往國立東京外國語大學亞非研究所，獲得該館贈送淺井惠倫、小川尚義的數位檔案，收穫頗為豐富。

在此同時，同年（2017）原本想要持續大武壠的專題調查研究，並獲得包含日本清水純、中研院臺史所洪麗完、臺大胡家瑜、政大

5　Oliver-Smith, Anthony & Hoffman, Susanna M., "Introduction: Why Anthropologists Should Study Disasters." In Susanna M. Hoffman & Anthony Oliver-Smith (eds.), *Catastrophe & Culture: The Anthropology of Disaster* (School of American Research Press, 2002), pp. 3-22.

6　陳漢光，〈高雄縣阿里關及附近平埔族宗教信仰和習慣調查〉，《臺灣文獻》，14（1）（1963），頁 159-168。

黃季平、高師大劉正元、吳玲青、高苑科大簡文敏、呂怡屏、小林
王民亮等專家學者初步同意參與大武壠的完整性研究，團隊期待能
在民國 108 年（2019）莫拉克風災十週年時，做更為完整而周全地
呈現大武壠文化與重建的成果。然而，此項計畫經額較高，在經費
不足情況下，只好另以出版書籍代替，這是本書出版的緣由。

　　大武壠的調查意義，不僅是在學術方面描述大武壠的人群遷移
過程、宗教信仰及文物等，同時也試圖呈現風災後他們特別強調的
文化主體性及心靈重建面。總統府在民國 105 年（2016）成立原住
民族歷史正義與轉型正義委員會，其中除原住民各族代表及專家學
者外，更聘任平埔族群代表三人，試圖在官方認定的原住民 16 個族
群外，重新確定臺灣平地原住民的定位。過去大武壠一直被放在西
拉雅族的架構之下，對此，多數族人的心聲是認為自己並不隸屬於
西拉雅族，族名自稱為大滿族或大武壠族，民國 100 年（2011）成
立的大滿舞團即是以此命名，這幾年來他們努力跟外界發聲的目的
也是在告訴外界：「我們的名字叫做大武壠」。其次，莫拉克風災
後的傷痛經驗，除了讓他們遭逢失去親人的哀慟外，同時感受到失
去文化命脈的危機，這種傷痛，既是身體，也是文化，還有心靈層次。

　　書寫也是心靈重建的重要方式之一。本書三位作者，除了王民
亮團長外，其餘兩位都不是族人，但是長期參與了大武壠族的文化
復振過程。團隊的成員兼顧在地觀點與外來者觀點，整體書籍的方
向是以簡介大武壠的人群遷徙、宗教民俗和歌謠復振為主，希望能
儘量取得學術與通俗並重。本書架構如下：第一章和第五章由劉正

元教授執筆，第一章內容主要在討論大武壠族歷史移動的過程，第五章則是在談論大武壠族目前的人群分布及文化復振現狀，最後並凝聚前幾章的討論焦點及指出這些文化復振活動的意義；第二章和第三章由高苑科大的簡文敏教授撰稿。第二章簡文敏分析大武壠中心信仰太祖緣由，及太祖祭典在族人心目中的重要性。第三章簡文敏利用高史博及日本的大武壠文物、古歌謠等資料，分析大武壠文物的文化意涵，裡面不少資料是大武壠調查首次出土的資料。最後，為了放進族人的觀點，團隊特別協商大滿舞團團長王民亮撰寫第四章：聽見大武壠的聲音。雖然高雄地區目前大武壠也有不少文史團體投入社區營造及文化復振活動，但是目前大滿舞團仍是具有代表性的團體，王民亮團長的書寫，得以讓讀者一窺大武壠族人對於族群復振及心靈重建的第一手看法，深具社會文化及心理上的意義。

大武壠族不只居住在高雄地區，目前部分族人也居住在臺南、花蓮及都會區，有些甚至已經忘記自己的族群身分，隱身於主流社會之中。限於篇幅我們無法在本書完整呈現各地大武壠的全貌，然而，這本小書只是一個起步，期待喚醒那些顯性、隱性的大武壠子民，未來可以加入大武壠族文化復振的行列。

第一章

大武壠歷史、
族群移動及組成

劉正元

關於大武壠族來源的說法主要分成兩派：一派認為大武壠族有自己的族群主體系統；另一派則是主張大武壠是隸屬西拉雅族的支系。前派以馬淵東一、李壬癸、土田滋、簡文敏、林清財、劉益昌等人為代表，分別從考古、語言及文化等角度闡釋大武壠的主體性；另一派則以伊能嘉矩為代表，認為西拉雅族之下分為三個亞族，即：西拉雅（Siraya，新港四大社）、大武壠、馬卡道（Makatao）。[1]大武壠從荷蘭時期之後的文獻陸續被稱為 Taivoan、Tievorangh、Tevorangh、Tevorang，四社番、四社熟番，四社平埔，大滿族、大滿亞族，又稱臺窩灣族等，居住區域原在臺南市北邊的灣裡社，後來灣裡社及附近的住民受到漢人壓迫，集體遷移到曾文溪上游，形成頭社（大武壠頭社）、霄裡社、茄拔社、芒仔芒社四社，通稱為四社熟番。

臺南平原是漢移民最早開墾的地區，故西拉雅最先受到壓迫，向中央山脈山腳遷徙。最早時代可能在鄭氏時代，至清朝康熙末年

1　參閱李壬癸，〈臺灣平埔族群的種類及其相互關係〉，《臺灣風物》，42（1）（1992），頁 220；林清財，〈從歌謠看西拉雅族的聚落與族群〉，收錄於潘英海、詹素娟主編，《平埔研究論文集》（臺北：中央研究院臺灣史研究所籌備處，1995），頁 477；林清財，〈西拉雅族歌謠分布與族群歷史〉，收錄於劉益昌、潘英海主編，《平埔族群的區域研究》（南投：臺灣省文獻委員會，1998），頁 208；潘英海，〈「文化系」、「文化叢」與「文化圈」：有關「壺的信仰叢結」分佈與西拉雅族群遷徙的思考〉，收錄於劉益昌、潘英海主編，《平埔族群的區域研究》（南投：臺灣省文獻委員會，1998），頁 168；石萬壽，《臺灣的拜壺民族》（臺北市：臺原，1990），頁 26；楊森富，《臺南縣平埔地名誌》（臺南縣新營市：臺南縣政府，2002），頁 119-157；潘繼道，〈花蓮大庄「舊人」後山移民史〉，《史耘》，8（2002），頁 2。

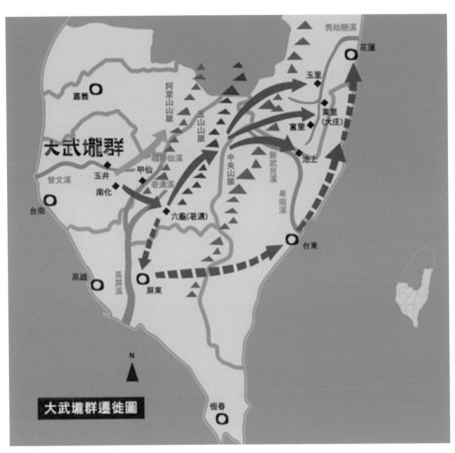

▲　圖 1-1　大武壠群遷徙圖
資料來源：小林平埔族群文物館。資料檢索日期：2018 年 10 月 15 日。網
址：http://xiaolin.khcc.gov.tw/index.php?temp=exhibition&lang=cht。

（1722），已退避入山間。鄭氏時所謂四大社，即指尚殘存於西部
平原者。受西拉雅族之進逼，大武壠族遷徙至荖濃溪及楠梓仙溪一

帶，此約起自乾隆初年（1736），至乾隆間完成。[2]

「熟番」是個什麼概念呢？根據鄭螢憶的研究指出：「『生熟番』不僅是文化意識分類的產物，也是（清）帝國治臺時實質控制的群體類別。作為（清）帝國治理的族群符號『熟番』，應不是『由生番變漢人』演變觀念下的中間存在，而是具有統治意義的人群分類。」[3] 清朝對臺灣番人的認定標準，並無一套統一的標準，雖然成為熟番的一般條件是「內附、納餉」。康熙時，周鍾瑄所編的《諸羅縣志》具體呈現生番、熟番的分類標準。該志〈番俗考・狀貌〉：「內附輸餉曰熟番，未服教化者曰生番或曰野番」，[4] 另據該志指出：噍吧哖、木岡、茅匏、內幽[5] 等四社附入大武壠社合徵 914.814 兩。[6] 儼然可看出大武壠社當時已是歸化納餉的番人；然而，清廷卻將之視之為「歸化生番」。[7] 歸化生番是指位

2　劉寧顏總纂，《重修臺灣省通志・卷三住民志同冑篇》（第二冊）（南投：臺灣省文獻委員會，1995），頁 972。

3　參閱鄭螢憶，〈仰沾聖化、願附編氓？康雍朝「生番」歸化與番人分類體制的形構〉，《臺灣史研究》，24（2）（2017），頁 4。

4　周鍾瑄主修，臺灣銀行經濟研究室編，《諸羅縣志》（第二冊）（臺北：臺灣銀行經濟研究室，臺灣文獻叢刊第 141 種，1962），頁 154-155。

5　茅匏，《臺海使槎錄》〈番俗六考〉所誤載，應為「芋匏」，為四社系屬社之一，後為西拉雅系占居，現位於臺南市玉井區之層林里。請參見林聖欽等撰述；施添福總編纂，國史館臺灣文獻館採集組編輯，《臺灣地名辭書：卷七　臺南縣》（南投：臺灣文獻館，2002），頁 276。該書使用的行政區名為未改制前的「臺南縣玉井鄉層林村」；內幽，亦稱內悠、內攸、內優。

6　周鍾瑄主修，臺灣銀行經濟研究室編，《諸羅縣志》（第一冊）（臺北：臺灣銀行經濟研究室，臺灣文獻叢刊第 141 種，1962），頁 97。

7　雍正 7 年（1729）臺灣知府沈啟元將內悠六社、大武壠八社、水沙連十五

居番界外,且在清廷統治時方才歸化的番社。這一套識別標準,卻又有其他區辨方式,如地理空間、地貌、語言等等。[8]

　　雖然康熙 61 年（1722）清廷在近生番處立石為界,而界碑就成為漢、番交易的處所。由於熟番身分能自由跨越番界,成為漢通事從事山產貿易的媒介,因此,山產交易可說是導致雍正初年生番歸化潮出現的重要原因。生番經常與熟番交易珠、布、鹽、鐵,熟番再與通事交易。[9]由此可見,雍正初年（1723）生番歸化潮出現,實與山產交易有密切關係。生番歸化方式是由地方官藉由通事等人招撫,並以繳納鹿皮餉為歸化之表徵。[10]再進一步來看,康熙朝曾

社、硘壘番之加泵社、加者野也社視為歸化生番。參見臺灣銀行經濟研究室編,《清經世文編選錄》（臺北:臺灣銀行經濟研究室,臺灣文獻叢刊第 229 種,1966）,頁 10。

8　以地理空間、地貌來做區分:康熙 52 年（1713）吳桭臣對山區番人的描述:「北路,所居土番為多,惟近府治者漢、番參半。至於東方山外,青山迤南亙北,只有生番出沒其中,人跡之所不到。」、「漢人與熟番雜居,隔嶺即生番界。若逐野獸偶越界,遇生番,必為所殺;……再深入過生番境,名傀儡番者長三、四尺,緣樹跳擲,捷如猿猱;皆巢居穴處、茹毛飲血之徒」。參見吳桭臣,〈閩遊偶記〉,收於臺灣銀行經濟研究室編,《臺灣輿地彙鈔》（臺北:臺灣銀行經濟研究室,臺灣文獻叢刊第 216 種,1965）,頁 17、22。以語言來做區分,如康熙末年（1722）來臺的魯之裕寫道:「其社有生番、有熟番。生者何?不與漢群,不達吾言語者也。熟者何?漢、番雜處,亦言吾言、語吾語者也。」參見魯之裕,〈臺灣始末偶記〉,收於臺灣銀行經濟研究室編,《臺灣輿地彙鈔》（臺北:臺灣銀行經濟研究室,臺灣文獻叢刊第 216 種,1965）,頁 9。

9　黃叔璥著,臺灣銀行經濟研究室編,《臺海使槎錄》（臺北:臺灣銀行經濟研究室,臺灣文獻叢刊第 4 種,1957〔1722〕）,頁 153。

10　鄭螢憶,〈仰沾聖化、願附編氓?康雍朝「生番」歸化與番人分類體制的形構〉,頁 18-22。

以稅餉、雍正朝以「歸化」作為分類的前提，但經過乾隆朝數次劃界、土牛區隔「版圖」與「番地」的界線後，「生活區域」成為生番、熟番的界定準則，「政治服從」、「文化適應」則是附帶檢視的條件。[11]

　　本章將透過較大的空間跨度和較廣的時間深度來探討大武壠族的族群遷徙歷史，另外經由歷史文獻的考察與作者多年參與觀察大武壠區域調查及活動，期冀瞭解大武壠歷史遷徙蹤跡。

11　詹素娟，〈身份制與臺灣平埔族群的身份變遷〉，收錄於林清財、浦忠成主編，《返來做番：原住民族的文化復振與正名》（新北市：斑馬線，2017），頁21。

歷史移動中的大武壠熟番 [12]

　　從荷蘭的文獻來看：17 世紀之初，荷蘭東印度公司為求與中國、日本貿易，來到東中國海，以 Tayouan（大員，今臺南市安平）作為根據地。天啟 4 年（1625）1 月，長官宋克（Martinus Sonck）親赴 Sinckan（新港或 Tagloeloe）社（臺南市新市區）和該社社人結交，並以 15 匹纁布（Cangan）換得 Saccam（今臺南市赤崁）地方，成功地取得根據地。[13]

　　崇禎 8 年（1635）11 月，長官 Putmans 得到新港人的協助，進攻麻豆。同年 12 月末，再度率領新港及其他同盟村的士兵自東南部

12　大武壠熟番，又稱為四社番，其沿革，根據《安平縣雜記・調查四番社一切俗尚情形詳底》記載四社番沿革：「據稱有臺灣即有此番。考其世系，有指是金人為元兵所迫飄洋至此，與土番婦結縭傳育而來；有指是明末時荷蘭佔據臺灣所帶來臺之兵卒分住內山各處，及鄭成功得臺島、驅荷蘭，凡居近內山之兵卒未能偕回本國流落內山，與土番婦生育相傳而來，因被成功驅迫，徙匿高山，同生番居處；至清朝得地後，始出歸化者。究之，此二說未知孰是？」參閱不著撰人（清），臺灣銀行經濟研究室編，《安平縣雜記》（臺北：臺灣銀行經濟研究室，臺灣文獻叢刊第 52 種，1959〔1895〕），頁 55。又據《花蓮縣志稿》：「其先不知何所自，或謂來自大陸。郁永河稗海記遊有云，相傳臺灣空山無人，自南宋時元人滅金，金人有浮海避之者，為颶風漂至，各擇所居，耕鑿自贍，遠者或不相往來，數世之後，忘其所自。觀其族名大滿，則郁記金裔之說，容亦可信。」請參見駱香林，《花蓮縣志稿　卷三上・民族宗教篇》（花蓮：花蓮縣文獻委員會，1959），頁 9。郁永河撰，臺灣銀行經濟研究室編，《裨海紀遊》，臺灣文獻叢刊第 44 種（臺北：臺灣銀行經濟研究室，1959〔1697〕）。

13　中村孝志，〈荷蘭時代的臺灣番社戶口表〉，收錄於中村孝志著，吳密察、翁佳音、許賢瑤編，《荷蘭時代台灣史研究下卷：社會・文化》（臺北：稻鄉，2002），頁 39。

山地征伐傀儡人（Makatao 居住地），崇禎 9 年（1636）1 月，征服蕭壠，並使 Tevorangh（大武壠）歸順，並令各社分別舉行歸順儀式，確認荷蘭的統治。這種歸順儀式，形式上是交出幾株土地上的檳榔和椰子的幼樹（有時是香蕉），意味土地與產物的奉獻；再由荷蘭賞賜國旗、首長藤杖、禮服等，表示成為荷蘭的庶民。[14]

荷蘭東印度公司開始陸續舉辦地方集會（Landdag），來深植其政治勢力，當時的大武壠社群歸於北部地方集會區。荷蘭統治臺灣人民，為了避免不必要的摩擦，於是舉用荷蘭改革教會的傳教師、說教師為政務員，讓他們前往各地傳教，並學習當地的語言和習慣。[15] 根據中村孝志〈荷蘭時代的臺灣番社戶口表〉，當時 Tevorangh 村落人口數資料如下（請見表 1-1）。[16]

表 1-1　Tevorangh 村落人口數資料（括弧內為戶數，括弧外為人口數）

1647	1648	1650	1654	1655	1656
1,004 （221）	1,004 （273）	971 （236）	792 （207）	785 （201）	639 （164）

資料來源：中村孝志，〈荷蘭時代的臺灣番社戶口表〉，頁 4、11。

14　中村孝志，〈荷蘭時代的臺灣番社戶口表〉，頁 40；歐陽泰（Tonio Andrade）著，鄭維中譯，《福爾摩沙如何變成臺灣府？》（臺北：遠流，2007），頁 334-365。

15　中村孝志，〈荷蘭時代的臺灣番社戶口表〉，頁 41。

16　中村孝志，〈荷蘭時代的臺灣番社戶口表〉，頁 4、11。

根據口述傳統：四社平埔人（四社熟番）稱他們原居於「臺窩灣」
（Taivoan，即今日之臺南安平），後來進入臺南新化，建立「大目
降社」及「大唪社」（今稱唪口社），後因受新港人的壓迫，就分
兩路遷徙：一路由大坑尾入山，經過左鎮的岡子林，在睦光村結社，
成立「木岡社」；另外一條遷徙路線，經過新化的羊仔林、那拔林，
在隙仔口建立「隙仔口社」。後又因新港社人的壓迫，便沿著曾文
溪溯上，在大內頭社建立頭一個 Taivoan 族（臺窩灣族）的平埔社，
遂命名為「頭社」（Nounamou）。後來，大內的頭社又被西拉雅族
四大社（包括新港、蕭壠、麻豆、灣裡等社）侵入，再度遷移，於
今臺南市大內區二溪里建立「大匏崙社」，最後遷至玉井建立「大
武壠頭社」及其分社（即所謂的二社）：芒仔芒社、霄裡社、茄拔
社等。[17]

　　口述傳統雖如上述，然而，楊森富指出關於「大武壠社」
（Taivoan、Tievorangh、Tevorangh、Tevorang）係大武壠語詞直接
音譯，可解讀成：月社或月世界。他在《臺南縣平埔地名誌》指出
之所以命名為「大武壠社」，係該社位居群山環抱之中，而包圍該
社的丘陵，有多處成禿山狀，成為不長樹木的惡土山陵，彷彿月世
界的景象。另一說法：「大武壠社」建社於玉井盆地，因玉井位處
高原，故以「月世界」稱之。[18]

17　楊森富，《臺南縣平埔地名誌》，頁 119-120、151-152。

18　楊森富，《臺南縣平埔地名誌》，頁 120。

17 世紀中葉，大武壠熟番（四社熟番）分布在善化、玉井為中心之近山腳地區。[19] 生活領域大約在今臺南市善化區、玉井區、楠西區、南化區、大內區、左鎮區等。[20] 臺南海岸地區以東的大武壠丘陵地，是現今的玉井盆地，《安平縣雜記》記載當時活躍於此地域的大武壠群為「四社番」，並將該歸化生番稱為「平埔番」。[21] 大武壠社是近山、平原的番社，離府治頗近，[22] 居民多從事耕種，日常生活亦能常與生番交易：

> 生番輸出之貨，無乃鹿筋、鹿皮、鹿茸（按：茸）、鹿鞭（即鹿之陽物也）、鹿肚石、鹿肚草及出獸（按：售）山豬、熊皮、生番布答加紋、硬桃葉蓆子、筐籃等件，則與四社番輸入布疋、鍶器、糖、酒、食鹽、豬等件，彼此互換交通，不用銀錢買賣。交易場，輒在近於山麓之地。當時必須用通事人通達言語交接，

19　張耀錡，《臺灣平埔族社名研究》（臺中市：張耀錡；出版：南天，2003），頁 128。

20　參閱劉澤民編著，《平埔百社古文書》（南投：國史館臺灣文獻館，2002），頁 5、362-370、374-379、387-389；張耀錡，《臺灣平埔族社名研究》，頁 96-97；曾振名、童元昭主編，《噶瑪蘭西拉雅古文書》（臺北：國立臺灣大學人類學系，1999），頁 82-109；楊森富，《臺南縣平埔地名誌》，頁 119-157；洪麗完，〈清代楠梓仙溪、荖濃溪中游之生、熟番族群關係（1760-1888）：以「撫番租」為中心〉，《臺灣史研究》，14（3）（2007），頁 2。

21　不著撰人（清），臺灣銀行經濟研究室編，《安平縣雜記》，頁 55。

22　大武壠社離府治六十里。參見高拱乾修，臺灣銀行經濟研究室編，《臺灣府志》（第一冊）（臺北：臺灣銀行經濟研究室，臺灣文獻叢刊第 65 種，1960〔1694〕），頁 37。

迺來生番知閩人言語者多，可以不用通事自相交易
也。[23]

從上述文字可看出，生、熟番日常交換的頻繁，而交易場所多
在沿山邊界，雖有通事之設，然生番亦通熟番語言，可以不用通事
作為媒介。

黃叔璥在《臺海使槎錄》〈番俗六考〉將「北路諸羅番四」細
分為：「大傑巔、[24] 大武壠、噍吧年、木岡、茅匏頭社（即大
年咳）、加拔（一作茄苃）、霄裏、夢明明（自頭社以下皆生
番）」。[25] 余文儀《（續修）臺灣府志》對四社番與府治之間的距
離有更詳細的說明：「大武壠頭社（縣東南六十五里）、二社（縣
東南八十里）、噍巴咳社（縣東南七十里。舊志有木岡、茅匏
二社，今改隸屬臺灣縣地方管轄）」。[26] 該書的「倉庫條」又記載：
「諸羅縣番社十二所：一在大武壠加麥社、一在大武壠頭社、
一在大武壠芒仔芒社、……」[27] 引文中的「大武壠加麥社」，亦即

23　不著撰人（清），臺灣銀行經濟研究室編，《安平縣雜記》，頁 62-63。

24　大傑巔社，距臺灣縣城七十里，原係鳳山縣，雍正 9 年（1731）改歸。參
　　見余文儀，《續修臺灣府志》（第一冊）（臺北：臺灣銀行經濟研究室，
　　臺灣文獻叢刊第 121 種，1962），頁 78。

25　黃叔璥著，臺灣銀行經濟研究室編，《臺海使槎錄》，頁 110。

26　余文儀主修，臺灣銀行經濟研究室編，《續修臺灣府志》（第一冊），頁
　　80。

27　余文儀主修，臺灣銀行經濟研究室編，《續修臺灣府志》，頁 69。

上引〈番俗六考〉中的「加拔社」。[28]

　　當大武壠熟番面臨漢人與嘉南平原熟番的侵入、擠壓其生活空間時，便移往番界以東的楠梓仙溪、荖濃溪流域的廣大林野，洪麗完推測可能的時間點為 18 世紀 60 年代中末期。[29] 其中玉井之芒仔芒社後為新港社人所得，原居「芒仔芒社」的平埔族，後多移居高雄六龜、杉林等地。部分族人因與客家族群競爭田地等資源，居臺東、屏東及花蓮。[30] 玉井之「宵兒社」（蕭兒社）現改為豐里，清代時，係在「善化里西堡」的範圍內，日治時期稱為「口宵里」，包括「口宵內里」（內宵里）、「宵里」（外宵里）、「灣潭」等地。「宵兒社」該地之前住民為卡那卡那富族，四社平埔以實物為代價（諸如：米穀、酒、豬、羊等），向卡那卡那富族交涉讓出土地，每年向頭目繳納食糧、獻酒。也有另一說法，每年雙方約定時日，卡那卡那富族攜家帶眷，到「宵兒社」作客，平埔社民設宴款待他們。[31] 楠西之

28　簡炯仁，〈大武壠社群開發高雄甲仙、杉林及六龜等鄉的情形〉，收錄於簡文敏總編輯，《大高雄地區開發論文研討會論文集》（高雄：高雄縣自然史教育館，2001），頁 23。

29　洪麗完，〈清代楠梓仙溪、荖濃溪中游之生、熟番族群關係（1760-1888）：以「撫番租」為中心〉，頁 31。

30　荷蘭人稱該社為 Voungo Voungor，請參閱張耀錡，《臺灣平埔族社名研究》，頁 96-97。楊森富將芒仔芒社 Vongavon 或 Vonga-Vongo 譯作「頭社之頭」，平埔語 Vonga 及 Vongo，均作「頭」解，指「芒仔芒社」居「大武壠頭之頭」。按大武壠祖居地是「臺窩灣社」，後遷入「大目降社」，如自大目降社沿菜寮溪溯上，「芒仔芒社」確居「大武壠頭之頭」。參見楊森富，《臺南縣平埔地名誌》，頁 126。

31　「宵兒社」（Siauli 或 Siauri），又稱霄鼇、蕭里，原係大武壠社的分社之一，其平埔語譯作「遷移之地」。楊森富，《臺南縣平埔地名誌》，頁 127。

「茄拔社」又作「茄茇社」，該地區有一條道路命名為「茄拔路」，以紀念古平埔地名。[32]

今玉井中正路上的「玉井北極殿」，乃為大武壠頭社之公廨（祖廟），該廟有二面石刻碑記為證：一為嘉慶 9 年（1804）所立的「**重修大武壠開基祖廟捐題碑記**」；一為同治 13 年（1874）所立的「**重修大武壠祖廟各庄捐題碑記**」。文中所言「開基祖廟」，亦即「頭社公廨」。所謂「頭社」，乃首先所建立之平埔社之義，建於玉井北極殿，後分為三處分社：芒仔芒社、宵兒社、茄拔社，統稱二社。[33]

自臺南玉井「大武壠社」遷居南化關山（西阿里關）、高雄甲仙、高雄杉林、高雄六龜等地，每逢舊曆元月十五日（大武壠社開基祖祭典之日）當日，或其前後日，往往不辭辛勞地趕回玉井北極殿祭祖。[34]公廨每年「禁向」，都要派人到玉井大武壠祖廟（玄天上帝廟）去取水的風俗。[35]

32　「茄拔社」（kapat 或 kapas），原係大武壠社的分社之一，其平埔語譯作「木棉花」或「班芝花」，故該社為「木棉社」之義。楊森富，《臺南縣平埔地名誌》，頁 140。

33　楊森富，《臺南縣平埔地名誌》，頁 120-121。

34　楊森富，《臺南縣平埔地名誌》，頁 120-121。

35　陳漢光，〈高雄縣阿里關及附近平埔族宗教信仰和習慣調查〉，《臺灣文獻》，14（1）（1963），頁 159-168。

遷徙至高雄甲仙、六龜、杉林的大武壠熟番

　　荷蘭治臺期間，在臺南平原進行討伐，以及明鄭時期進行屯墾，造成西拉雅「四大社」向內陸遷徙，進而壓迫到四社平埔社群。當新港四大社系移入今臺南市左鎮、南化等區；麻豆、蕭壠、目加溜灣等移入今臺南市大內區，造成大武壠社人遷徙，一則向東往楠梓仙溪、荖濃溪（今旗山溪）中游，進入內優（亦稱內幽、內攸、內悠）六社的生活領域；一則溯灣裡溪（今曾文溪）上游北上，往哆囉嘓社域移動。[36] 余文儀《續修福建臺灣府志》已將內優社細分為內優社、米籠（即美壠）社、邦尉社、簹社、望社、墩社等六社，稱為「內優六社」，為諸羅縣的「歸化生番」。[37]

　　四社平埔原居地烏山山脈西麓，有頭社、芒仔芒、茄拔、霄裡四社，於乾隆年間遷入楠仔仙溪及荖濃溪流域，分布於今之高雄市之甲仙區、杉林區、六龜區等地。頭社的舊址，為哆囉嘓社所侵占；茄拔社舊址為 Vakkaruwan 所據；霄裡社為西拉雅支族 Tapaui 社占據；芒仔芒社為漢人侵占。[38] 根據日治時期總督府的檔案記載，蕃薯寮廳

36　洪麗完，〈族群互動與遷徙、擴散：以清代哆囉嘓社人遷徙白水溪流域為中心〉，《臺灣史研究》，18（4）（2011），頁 4-5。

37　余文儀主修，臺灣銀行經濟研究室編，《續修臺灣府志》，頁 80-81。

38　劉斌雄，〈臺灣南部地區平埔族的阿立祖信仰〉，《臺灣風物》，37（3）（1987），頁 40-47；陳漢光，〈高雄縣阿里關及附近平埔族宗教信仰和習慣調查〉，《臺灣文獻》，14（1）（1963），頁 159-168；陳漢光，〈甲仙鄉匏仔寮平埔族宗教信仰調查〉，《高縣文獻》，11（1991），頁 29-

平埔調查：「轄區內現住之熟蕃人，係新港、卓猴、大傑巔、
頭社、茄拔、芒仔芒、宵里七社之蕃族，於康熙、乾隆時代，
由臺南、鳳山、鹽水港等三廳的管轄區內移居至本地。頭社、
茄拔、芒仔芒、宵里之四社有一總稱，即所謂之四社熟番。」
新港及卓猴社蕃，散居在羅漢內外門里；大傑巔社蕃族，散居在羅
漢外門里的一部分地區；頭社、茄拔、芒仔芒、宵里的四社蕃族，
散居在楠梓仙溪東里的全區域內。各社蕃人的戶口如表 1-2（其中新
港、卓猴兩個蕃族因雜居，很難區分）：[39]

表 1-2　日治時期蕃薯寮廳平埔調查

蕃社	戶數	人口
新港社、卓猴社	568	2,824
大傑巔社	185	802
芒仔芒社	536	2,618
宵里社	217	1,102
茄拔社	240	1,265
頭社	107	588

資料來源：劉澤民、陳文添、顏義芳編譯，《臺灣總督府檔案平埔關係文獻選
輯》（南投：臺灣省文獻委員會，2001），頁 74。

58：陳漢光，〈六龜鄉荖濃村平埔族信仰調查〉，《高縣文獻》，11（1991），
　　頁 19-28；溫振華，《高雄縣土地開墾史》（高雄縣鳳山市：高雄縣政府，
　　1997），頁 83-84；溫振華，《高雄縣平埔族史》（高雄縣鳳山市：高雄
　　縣政府，1997），頁 55。

39　劉澤民、陳文添、顏義芳編譯，《臺灣總督府檔案平埔關係文獻選輯》（南
　　投：臺灣省文獻委員會，2001），頁 74。

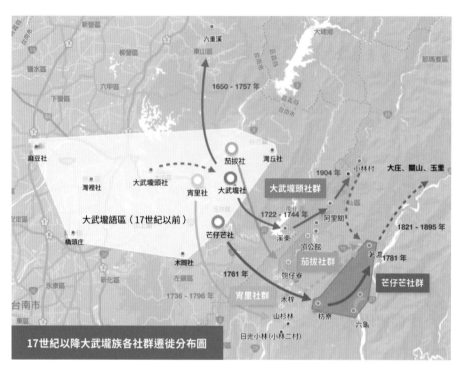

▲ 圖 1-2　17 世紀以降大武壠族各社群遷徙分布圖
　　資料來源：維基百科，由 Bellenion（自己的作品, CC BY-SA 4.0）。網址：
　　https://commons.wikimedia.org/w/index.php?curid=65398396。本書重新壓字。

　　根據安倍明義的研究指出：四社熟番之大武壠頭社移住溪東、
阿里關、羌黃埔、甲仙埔、四社寮；茄拔社移住頂公館、蜈蜞潭、
紅毛山、匏仔寮、大邱園、八張犁、芎蕉腳；霄裡社移住茄苳湖、
泉漈、山杉林、山杉林角、木欅寮；芒仔芒社移住響竹、頂荖濃、
下荖濃、大苦苓、紅水坑、枋寮、水冬瓜、獅頭額、六龜里、舊庄、
狗寮、二坡子等。[40]

40　安倍明義，《臺灣地名研究》（臺北市：蕃語研究會，1938〔昭和 13 年〕），

當四社平埔侵入了生番的領域，必須繳納地租，名之為「安撫番租」。「安撫番租」到底是什麼？根據《安平縣雜記‧調查四番社一切俗尚情形詳底》記載：

　　　　社番所居之地，原生番所處之穴。因四社番歸化清廷，乃與生番易地而居，理應遞年納其地租，名之曰「安撫番租」。間有不肯照納者，則生番輒出抄掠殺傷之。其在甲仙埔、阿里關、老濃等處近山之莊，尤形厲害。至於四社番應納番租，每於五穀收成，不論豐歉，均要照納；若不然，則生番殺掠殆甚。[41]

　　上面這段文字可看出四社番居住之地，原來是生番居住地，於是與生番協議，每年繳納地租，稱為「安撫番租」。不論當年農作豐收與否，均要繳納，否則，恐遭生番殺掠。那麼四社番居住範圍內，哪些地方得繳「安撫番租」呢？根據《安平縣雜記‧調查四番社一切俗尚情形詳底》記載：

　　　　凡四社番所住之地，已被政府丈量者，則生番知其有完正供，無敢生端殺掠；如甲仙埔、阿里關、老（荖）濃三處，內有未為政府丈量之田園及山地，仍

　　頁 14-15。

41　不著撰人（清），臺灣銀行經濟研究室編，《安平縣雜記》，頁 66。

是彼山番所有，仍要完納「安撫」之租。[42]

　　這段文字指出已被政府丈量土地的四社番居處之地，生番不敢無故滋生事端，但是在甲仙埔等未被政府丈量之土地，仍是必須繳納「安撫番租」。「安撫番租」的運作方式如何？根據《安平縣雜記‧調查四番社一切俗尚情形詳底》記載：

　　　　其納「安撫番租」之法，見物則抽，亦有定例，由抽收之人存積備買布疋、鹽酒等件入山撫納。其抽收之例，大概每千觔抽五十觔之譜；名曰「零五抽收」。屆時，當各照章交納安撫頭人。如不納，則生番生事，與頭人無涉；有照納，則頭人當出設法。……然所稱曰「頭人」者，乃四社番之社長。[43]

　　這段文字指出，「安撫番租」的運作方式是有定例，由四社番之頭人抽收之租稅，購買布疋、鹽、酒等物入山撫番。大概每千觔收五十觔。如果不繳納「零五抽收」之租稅，而受生番侵擾，則與頭人無關；如果有繳納，那麼頭人則有處理事端的責任與義務。

　　依照《安平縣雜記》四社番所管理的村莊共 40 個，記錄如下：

大武壠
人群移動、信仰與歌謠復振

42　不著撰人（清），臺灣銀行經濟研究室，《安平縣雜記》，頁 66。

43　不著撰人（清），臺灣銀行經濟研究室，《安平縣雜記》，頁 66-67。

（並將四社平埔所建村莊與今日的行政區域對照表製成表 1-3）

　　四社番所轄之莊大小共四十莊，所有莊名，詳列於下。山杉林、糞箕湖、杉林角、新厝仔、枋藔、中莊仔、十張犁、八張犁、匏仔藔、甲仙埔、姜黃埔、阿里關、四社營、頂公館、下公館、大坵園、蜈蚣潭、茄苳湖、木主仔、紅毛山、白水際、平林溪東、竹仔坑、坑內莊、桃仔園、柚仔腳、田仔頂、新莊、際丁藔、舊匠藔、老濃莊、塚仔埔、獅額頭、大苦苓、六篙里、舊莊、狗藔、中莊仔、尾莊仔、土籠灣。[44]

表 1-3　四社熟番所建村莊與現行行政區域對照表

行政區域	村里對照
高雄市甲仙區	甲仙埔、姜黃埔、阿里關、四社營、頂公館、下公館、大坵園、匏仔藔
高雄市杉林區	山杉林、糞箕湖、杉林角、新厝仔、枋藔、中莊仔、十張犁、八張犁、蜈蚣潭、茄苳湖、木主仔、紅毛山、白水際、田仔頂、新莊、際丁藔、竹仔坑、坑內莊

44　不著撰人（清），臺灣銀行經濟研究室編，《安平縣雜記》，頁 64。

45　臺南市南化區儘管地瘠貧困，窮鄉僻壤，但是在內山平埔族群遷徙上，卻扮演了重要的折衝位置，北邊和東邊古道或山道接通了玉井盆地大武壠社群遷往高雄市楠梓仙溪流域的孔道，而南邊銜接左鎮、新化的段丘與惡地形，引導了新港社群遷往內門之路。請參閱潘英海，〈「文化系」、「文化叢」與「文化圈」：有關「壺的信仰叢結」分佈與西拉雅族群遷徙的思考〉，頁 181-182。

行政區域	村里對照
高雄市六龜區	舊匠寮、老濃莊、塚仔埔、獅額頭、大苦苓、六篙里、舊莊、狗寮、中莊仔、尾莊仔、土籠灣
臺南縣南化區[45]	平林溪東、桃仔園、柚仔腳

資料來源：王和安，〈日治時期南臺灣的山區開發與人口結構：以甲仙六龜為例〉（桃園：國立中央大學歷史研究所碩士論文，2007），頁29-30；簡炯仁，〈大武壠社群開發高雄縣甲仙、杉林及六龜等鄉的情形〉，收於簡文敏總編，《大高雄地區開發論文研討會論文集》（高雄：高雄縣自然史教育館，2001），頁35；陳漢光，〈六龜鄉荖濃村平埔族信仰調查〉《高縣文獻》，11（1991），頁19-28；陳漢光，〈甲仙鄉匏仔寮平埔族宗教信仰調查〉《高縣文獻》，11（1991），頁29-58；陳漢光，〈高雄縣阿里關及附近平埔族宗教信仰和習慣調查〉《臺灣文獻》，14（1）（1963），頁159-168。

平埔族的「公廨」是一公共空間，「少壯未娶者」居住於此，也是一個議事場所。[46] 在西拉雅的社會中，「公廨」同時具有社會性與宗教性兩個層面的意涵，[47] 是聚落的精神地標。以高雄市六龜區頂荖濃[48]公廨為例，該公廨是集合部落的義工合力蓋成的，就地取材。公廨神位區前有一個石頭堆砌的矮桌，可置放香爐與祭品。矮桌前

46　陳第，〈東番記〉，收錄於方豪，《臺灣早期史綱》（臺北：臺灣學生，1994），頁139。

47　潘英海，〈「祀壺」釋疑——從「祀壺之村」到「壺的信仰叢結」〉收錄於潘英海、詹素娟主編，《平埔研究論文集》（臺北：中央研究院臺灣史研究所籌備處，1995），頁455。

48　高雄市荖濃村是由於「頂荖濃」（簡稱「頂濃」）和「下荖濃」（簡稱「下濃」）兩個小部落為中心形成的一個「村」。這個地區，據說原是屬於「加禮番」（排灣族）居住地，平埔熟番的遷入並不很久。現在姓潘的人很多，多屬於四社番頭社系統；其他字姓也是屬於四社番。請參閱陳漢光，〈六龜鄉荖濃村平埔族信仰調查〉，《高縣文獻》，11（1991），頁19-28。

置放向（神）座。太祖神位區上面有一木造的屋頂基座，上面木匾
上寫著「番太祖」三個字。以「笱」作為「向（神）座」。「笱」
是過去平埔族的捕魚器具，用竹子編製而成上大下小的圓錐體形狀，
上可插花，夜祭時，上面竹枝可插 24 塊山豬肉。公廨的前方，有一
個小小的廣場，可供夜祭時「牽戲」及歌舞之用，廣場前的圍牆上，
則立有一根迎風中的向柱。[49]

　　頂荖濃公廨結合／融聚了當地自然建材與居民集體認同意識。
建造公廨，生產了地方主體，也是荖濃社區地方性物質生產的重要
活動或範疇。公廨這個神聖空間中每一件物品，如狩獵的器具、捕
魚的器具、編製草繩、草鞋的器具、竹編提籃、豬頭骨（或其他獸
物頭骨）、照片等，都標記著荖濃部落過去的歷史與族群的集體技
藝／記憶。頂荖濃公廨建築的屋頂，屋脊的左右山牆上，各置一個
木刻的鳥，分別是一隻烏鴉及一隻老鷹。[50] 這是四社平埔族群中，最
典型的公廨特色之一，下一章我們會繼續說明公廨與太祖祭典之間
的關係。

49　陳瑤玲、裴瑤，〈平埔文化復振：以高雄六龜頂荖濃部落的觀察為例〉，
　　《高雄文獻》，4（1）（2014），頁 92-95。

50　陳瑤玲、裴瑤，〈平埔文化復振：以高雄六龜頂荖濃部落的觀察為例〉，
　　頁 95。

第三節　遷徙至六重溪的大武壠派社

當四社番進入楠梓仙溪、荖濃溪流域開墾，部分大武壠社人也在乾隆中葉往北，沿著灣裡溪（今曾文溪）溯溪而上，到達九重溪附近（今稱檳榔腳），成立大武壠派社（今臺南市白河區六溪里）。[51] 因此，大武壠社群除了細分為：大武壠頭社、大武壠二社、噍吧年社、木岡社、芋匏社、加拔社（一作茄芨）、霄裡社、夢明明社，還有一個六重溪「派社」。

大武壠派社入墾九重溪的年代，推測可能在 18 世紀 40-60 年代。該社群在九重溪生番界附近，成立五個小村落（九重溪、六重溪、頂埔仔、崁下仔、石牌仔）。[52] 歷經清末街莊社調整，形成九重溪、六重溪小字。日治時期「廢社入莊」，再與三重溪與檨仔坑等漢人村莊合為六重溪大字。[53]

為什麼會有大武壠派社的建立呢？根據洪麗完的研究，是由於熟、漢移民的生存競爭，部分的大武壠社群於 18 世紀中葉展開移居

51　洪麗完，〈婚姻網絡與族群、地域關係之考察：以日治時期大武壠派社裔為例〉，戴文峰主編，《南瀛歷史、社會與文化 II》（臺南：臺南縣政府，2000），頁 78。

52　洪麗完，〈嘉南平原沿山熟番移住社會之形成暨其社會生活考察（1760-1945）——以大武壠派社為例〉，《歷史人類學刊》，10（1）（2012），頁 52-53。

53　洪麗完，〈嘉南平原沿山熟番移住社會之形成暨其社會生活考察（1760-1945）——以大武壠派社為例〉，頁 46。

活動。此一遷徙乃從故居內門丘陵往北，沿著灣裡溪（今曾文溪）
溯溪而上，到達「哆囉嘓社」生活領域東邊山麓地帶六重溪附近。[54]
洪麗完指出，「哆咯嘓」即「哆囉嘓」，17 世紀的荷蘭資料記為
Dorcko，即清初文獻紀錄上的「倒咯嘓社」、「哆咯嘓社」，18 世
紀（清康熙末年〔1722〕）以來始稱為「哆囉嘓社」。[55]哆囉嘓社
人的移住活動除了與漢人勢力擴充有關外，也與蕭壠社、蔴荳社的
入墾與定住壓縮其生活空間有關。[56]

　　「哆囉嘓社」在現代族群分類上，被劃歸為八掌溪北岸的洪雅
族（Hoanya），其歷史變遷卻與地緣上的大武壠族、西拉雅族等社
有密切互動。[57]乾隆 44 年（1779）〈哆囉嘓大武壠番租碑〉記載：

54　洪麗完，〈嘉南平原沿山熟番移住社會之形成暨其社會生活考察（1760-
　　1945）——以大武壠派社為例〉，頁 31；洪麗完，〈清代楠梓仙溪、荖
　　濃溪中游之生、熟番族群關係（1760-1888）：以「撫番租」為中心〉，
　　頁 31。

55　臺灣銀行經濟研究室，《諸羅縣志》（卷一）（臺北：臺灣銀行經濟研究室，
　　臺灣文獻叢刊第 141 種，1962），〈封域志〉，頁 5：「由哆囉嘓至臺灣
　　界七十六里（以洋仔港為界）」。另依高拱乾修，臺灣銀行經濟研究室編，
　　《臺灣府志》（第一冊）（臺北：臺灣銀行經濟研究室，臺灣文獻叢刊
　　第 65 種，1960〔1694〕），頁 22-23 指出，該社主要活動於八掌溪以南、
　　急水溪中、上游地區的主要村社。

56　洪麗完，〈婚姻網絡與族群、地域關係之考察：以日治時期大武壠派社裔
　　為例〉，頁 105。

57　洪麗完，〈族群互動與遷徙、擴散：以清代哆囉嘓社人遷徙白水溪流域為
　　中心〉，頁 4。

「啟等番佃耕種社番田園，俱照督憲行清之案，每甲旱田斷貼番租三石七斗、定租一石六斗。」……哆咯嘓、大武壠派二社通士、社番、佃戶人等知悉。[58]

該石碑顯示「大武壠派社」後來遷到哆囉嘓社人生活領域東邊山麓地帶「九重溪」附近，石碑為乾隆44年（1779）臺灣北路理番同知史崧壽所題，高164公分，寬77公分，目前該石碑置於今臺南市東山區東山里東山警察派出所前庭右側牆壁。[59]

大武壠派社選擇移居六重溪，應該是地緣上鄰近其故居玉井盆地。他們從楠西翻山越嶺至六重溪一帶，此地域古道密布，兩地往來密切。[60]

58　參閱黃典權輯，《臺灣南部碑文集成》（第四冊）（臺北：臺灣銀行經濟研究室，臺灣文獻叢刊第218種，1966），頁410-412。

59　參見黃典權輯，《臺灣南部碑文集成》，頁410-412。

60　潘英海，〈「文化系」、「文化叢」與「文化圈」：有關「壺的信仰叢結」分佈與西拉雅族群遷徙的思考〉，頁180。

第四節　移住花東大庄的大武壠熟番

　　花東地區在平埔人尚未移入之前，主要是布農、泰雅、阿美與卑南的生活空間。根據林清財的研究指出，嘉慶初年（1796），大庄平埔熟番本居住於臺南附近，因受漢人壓迫，遷居於高雄旗山的楠梓仙庄，再受壓迫，其中約三百人，從恆春輾轉到臺東巴塱衛（大武）定居，[61] 後來北遷到大庄（指舊庄）定居。

　　檢視相關文獻記載，關於「大庄」地名出現的說法有二：

1. 緣於清道光 9 年（1829），有臺灣南部鳳山縣下淡水溪之武洛、搭樓、阿猴等社的馬卡道平埔族人，移居玉里鎮長良里建立部落，三年後回故鄉招來大傑巔、大武壠社人，合成四十餘家，因來者日眾，分居於對岸（東里），史稱大庄。[62]

61　林清財，〈大庄人的「沿革」與「歌謠」：東京外國語大學「臺灣資料」中大庄史料解讀〉，收於林清財、浦忠成主編，《返來做番：原住民族的文化復振與正名》（新北市：斑馬線，2017），頁 289

62　南部平埔族之大遷移，起於道光 9 年（1829），先驅者為平埔四社三十餘戶，越過中央山脈到卑南，其後陸續有移住者，遷移之社群包括大傑巔社、武洛社、搭樓社、阿猴社、新港社。其遷移路線有三條：北路由茇濃溪越過中央山脈出新武呂溪；中路由枋寮經大武至卑南；南路由恆春沿海至卑南社。另一循海路至臺東成功鎮。其在東部分布之區域約在秀姑巒溪以南：西拉雅族集中在池上鄉錦園村與玉里鎮；馬卡道則在富里鄉富里村及池上鄉大坡村、成功鎮思孝、三民等里、長濱鄉長濱、忠勇等村；大武壠則分布於富里鄉大里、明里、萬寧等村、玉里鎮松埔里和臺東金峰鄉新興村、長濱鄉寧埔村、成功鎮孝思里、關山鎮里壠、中福、新福等里。請參見劉寧顏總纂，《重修臺灣省通志・卷三住民志同胄篇》（第二冊），

2. 道光 25 年（1845）間舊庄的平埔族因有同族陸續遷來，人數漸增，因感舊庄之地諸事不便，四鄰情況險惡，就挑選二十餘名同族溯新武呂溪橫越蕃地，到高雄州旗山郡荖濃庄及附近招募同族移住，形成大部落。[63]

大庄在哪裡？大庄，現指位在花蓮縣富里鄉東里村，但在還沒遷移至現今的大庄之前，平埔族人居住的大庄（今日的長良，又稱舊庄），位處清水溪與秀姑巒溪交會的沖積扇，土壤肥沃。然而，在一次的洪水中，淹沒了田地，社人只好涉過秀姑巒溪，定居在今日的大庄（花蓮富里東里村）一帶。該地原為阿美族人的社地，叫丹草埔。平埔族人趕走了了阿美人，稱之為大庄。之後，也有部分平埔族人回到舊庄居住，但也有一些族人沿著大庄往南、北兩個方向擴散，形成新的勢力，被稱為大庄人。[64]潘英海指出：

> 大庄平埔往北擴展，沿著秀姑巒的西邊，到安通、
> 樂合、玉里鎮的忠誠與源城、大禹、三民，受舞鶴山
> 的阻隔而止。另外，也沿著秀姑巒溪東邊分散，包括
> 石光、浦薑寮、高寮、觀音山、宮前、松浦、馬汝、

頁 972-976；駱香林，《花蓮縣志稿　卷三上》（花蓮：花蓮縣文獻委員會，1959），頁 9-10。

63　潘文富等撰述；施添福總編纂；國史館臺灣文獻館採集組編輯，《臺灣地名辭書：卷二　花蓮縣》（南投市：臺灣文獻館，2005），頁 299。

64　潘英海，〈「文化系」、「文化叢」與「文化圈」：有關「壺的信仰叢結」分佈與西拉雅族群遷徙的思考〉，頁 189。

春日一帶。但是，石光有天主堂，與大庄往來不密切，疑為來自屏東平原之東港溪北系。後來，又有一部分人從玉里鎮的源城遷出，往北開墾，過瑞穗，至瑞北、富源之間的平埔厝，是大庄人分布最北的一個聚落，也是唯一越過北回歸線的大庄聚落。大庄人往南拓墾的路線是沿著秀姑巒溪的東邊，包括新庄、萬寧、牛突山一帶，再往南，還有東竹（竹田）、螺山、石牌、富里等聚落都與早期大庄人的開墾有關。在富里一帶，沿溪往海岸山脈內走，還有鼇坑、富南、錦園、復興、新開園、電光（雷光火）也都有大庄人遷徙的痕跡。在富里有一部分人後來遷至對面的明里與石壁兩聚落。再往南，就要到關山的崁頂才有大庄人的出現，附近的德篙一帶亦有小部分的大庄人。文獻上說這一帶有新港社群遷入，……另外，在富南的訪問顯示當地人來自蕃薯寮（旗山）可能與大傑顛社群有關，但當地的歌謠是以恆春調為主。……[65]

從以上引文可看出大庄聚落廣泛分布在花東海岸山脈周遭。大庄人到底是誰？即大庄人的族群來源是什麼？大庄人的族群來源有西拉雅、馬卡道、大武壠，而主要是以來自楠梓仙溪、六龜里、荖濃等地的大武壠族的芒仔芒社為主體的移民所建立起的村落。但移

65　潘英海，〈「文化系」、「文化叢」與「文化圈」：有關「壺的信仰叢結」分佈與西拉雅族群遷徙的思考〉，頁189-190。

住後之大武壠族不堪卑南社之壓迫，更北進住秀姑巒溪東岸建立了「大庄」，這個時間點約在道光14年至25年（1835-1846）之間。我們可以說，「大庄人」在歷史的變動中或婚姻、或移入新住民包括有大傑巔、武洛、搭樓、阿猴社等社群。[66] 根據林清財的研究，大庄保有的歌謠文化，傾向於大武壠四社熟番的歌謠文化特徵。[67]

　　花蓮富里的祀壺現象，既有大武壠的太祖，也有屏東的開基主，祭祀日期為元月十五、九月十五、十月十五，剛好是祭祀西馬卡道、大武壠和西拉雅主神的日子。區域裏各族通婚隨處可見。祀壺祭儀中我們可發現大庄系統的歌謠、恆春調，也有阿美族歌舞混合呈現。[68] 花蓮富里的吳江村的白石仔（白石潭），為大庄平埔傳統作向之處，也是清代「大庄事件」平埔族人對抗清兵的古戰場。[69]

　　花蓮富里大庄的文化現象保有大武壠族的影子，無論是公廨以及祭儀活動、祖靈信仰等，大庄的「公廨」、「篙」、「向神座」、「將軍柱」、「向缸」、「太祖」、「跳戲」、「走鏢」、「七姐妹傳說」、「伴

66　請參見駱香林，《花蓮縣志稿　卷三上·民族宗教篇》（花蓮：花蓮縣文獻委員會，1959），頁9-11；劉寧顏總纂，《重修臺灣省通志·卷三住民志同冑篇》（第二冊），頁972；林清財，〈大庄人的「沿革」與「歌謠」：東京外國語大學「臺灣資料」中大庄史料解讀〉，收錄於林清財、浦忠成主編，《返來做番：原住民族的文化復振與正名》，頁312。

67　林清財，〈大庄人的「沿革」與「歌謠」：東京外國語大學「臺灣資料」中大庄史料解讀〉，頁288。

68　林清財，〈西拉雅族歌謠分布與族群歷史〉，頁210。

69　潘文富等撰述；施添福總編纂；國史館臺灣文獻館採集組編輯，《臺灣地名辭書：卷二　花蓮縣》，頁296。

工戲」、「太祖祭歌」等內涵,都偏向現存於臺南玉井、楠梓仙溪、荖濃的說法和史料紀錄一致。[70]

　　林清財認為歌謠蘊含著生命共同體的經驗累積,在歌謠的內涵中,隱藏著族群文化的共同質素。從歌謠聚落來檢視音樂質素,可發現族群意涵的形成。林清財指出「跳戲」、「牽戲」、「牽番戲」、「跳嗚嘮」(牽曲在不同地方有不同的名稱),都是公廨「太祖」生日的一種歌舞形式。「太祖」也稱「番太祖」、「番仔佛」、「公廨祖」、「公廨媽」、「老君」、「李老君」、「太上老君」,是指供奉在公廨或家中的主神。在阿里關、匏仔寮、荖濃、大庄、六重溪等五個聚落區,這些稱呼都可通行,[71]具有若干共通的文化特質。

70　林清財,〈大庄人的「沿革」與「歌謠」:東京外國語大學「臺灣資料」中大庄史料解讀〉,頁 313。

71　林清財,〈從歌謠看西拉雅族的聚落與族群〉,頁 476、477、485。

小結

　　關於大武壠族來源的說法主要分成兩派：一派認為大武壠族有自己的族群主體系統，另一派則是主張大武壠是隸屬西拉雅族的支系。前派以馬淵東一、李王癸、土田滋、簡文敏、林清財、劉益昌等人為代表，分別從考古、語言及文化等角度闡釋大武壠的主體性；另一派則以伊能嘉矩為代表，認為大武壠是西拉雅族之下三個亞族之一。

　　大武壠並非固著於一地，歷史上歷經多次遷徙的大武壠族，現在主要分布在高雄山區及花東一帶。遷徙過程中他們陸續與其他族群接觸、交流及通婚，形成有趣的族群互動現象：在田野訪談中有些人很強調自己的來源，然而也不清楚自己的族群定位。這群人多數在日本時期的戶籍資料中被歸類於熟番。後續章節中我們將繼續申論大武壠族文化的主體性，而且闡明這種主體性是在移動的過程中，與各個族群互動中逐步形成的。

第二章

大武壠太祖祭典

簡文敏

高雄地區大武壠太祖祭祀的起源，係以其傳說為其特色，祭典儀式、歌謠、公廨、神聖空間、慶典活動、象徵以及與其相關的文化等，是國內極少數能保存如此完整而豐富者之一。想了解大武壠太祖祭祀，像是挖掘寶藏一樣，最好能具備好奇心，歷史查證的耐性，文學的想像，邏輯的推理以及心靈的開放感應，是多學科跨領域的共同檢視。以下先從太祖的傳說與祭祀的起源說起吧！[1]

第一節　太祖傳說與祭祀的起源

高雄地區大武壠太祖祭祀是怎麼開始的？一個民族的傳統祭典通常反映族群的歷史遭遇，大武壠太祖祭祀的起源與其生活的生態環境、遷移的歷史息息相關。例如早期小林、阿里關太祖（Kuba 祖）祭祀有乞雨儀式與唱〈七年飢荒〉的古謠，[2] 這是屬於適應自然環境的方式之一；或是強調與相臨族群的互動關係，以及被迫遷徙之後再聚群的生活需要。這些與祭祀相關的傳說，以太祖包含母親、三姊妹、七姊妹的傳說關係最為密切（臺南市白河區六重溪是太祖五姊妹）。太祖多姊妹（含母親）的傳說不僅反映其生態與歷史處境，更反映大武壠社會結構與文化的特性，是了解大武壠文化的重要途徑。為了讓閱讀者能快速了解傳說的型態與出處，整理如表 2-1：

1　感謝本書審查委員提供寶貴意見，本文寫作期間感謝清水純教授、稻垣孝雄老師、張亦瑾、陳亮好、許齡文、黃郁婷等協助，尤其國立東京外國語大學亞非研究所授權使用相關資料，謹申謝意。另本文著重說明功能，對未發表過的田調資料，將盡量採取原文刊登，以為參考。

2　陳漢光，〈高雄縣阿里關及附近平埔族宗教信仰和習慣調查〉，《臺灣文獻》，14（1）（1963），頁 159-168。

表 2-1　高雄地區大武壠太祖傳說統整表

	區域	傳說內容概要	出處
三姊妹	甲仙、阿里關、小林	1. 鄭成功指定，太祖俗稱 anaŋ，甲仙、阿里關與小林是為母親。[3] 2. 甲仙、小林、阿里關姊妹長幼順序。	1. 劉斌雄（1987）。[4] 2. 陳漢光（1963）。[5]
七姊妹	小林、阿里關、荖濃、匏仔寮等	1. 七姊妹變七塊紅玉，玉消失改以壺水代替。 2. 母親、七姊妹（兄弟）與誤殺傳說；第七位是男（Makataraban）進入「蕃社」。[6]	1. 淺井惠倫筆記但標註馬淵（東一）或馬淵（東一）調查。[7] 2. 淺井惠倫（1931筆記）。

3　此處語意參考自土田滋、山田幸宏、森口恒一，《臺灣・平埔族の言語資料の整理と分析》。1989-1990 年度科學研究費補助金一般研究（A）研究成果報告書（東京：東京大學，1991）。

4　劉斌雄，〈臺灣南部地區平埔族的阿立祖信仰〉，《臺灣風物》，37（3）（1987），頁 1-62。

5　陳漢光，〈高雄縣阿里關及附近平埔族宗教信仰和習慣調查〉。

6　為保留原文（原口述）的意義，本文引用或討論相關議題時保留「蕃人」、「生番」等用字，但加上括弧，並無不敬之意，請讀者見諒。

7　淺井惠倫，〈Siraya Makatao 2〉（筆記），（1996），日本國立東京外國語大學圖書館收藏。

	區域	傳說內容概要	出處
七姊妹	小林、阿里關、荖濃、匏仔寮等	3. 七姊妹，第五位是男性老君「生番」。	3. 小林觀音媽乩童阿秀太祖附身時口述。
七人頭	小林	獵得七顆「生番」人頭。	淺井惠倫筆記但標註馬淵（東一）或馬淵（東一）調查。[8]
備註		因篇幅限制，本表將傳說中的母親與姊妹（兄弟）的關係並列，如甲仙太祖三姊妹傳說，從語言來看，太祖的俗稱是大武壠語的母親，換言之三者是姊妹，也是母親；六龜七姊妹（兄弟）傳說則是七姊妹（兄弟）與母親。	

　　上述表 2-1 是相關傳說簡要的統整表，詳細的內容又為何？先從太祖三姊妹（母親）的傳說談起。高雄甲仙區計有三座公廨祭祀太祖，是為三姊妹；其中大姊在甲仙，二姊在小林，三姊在阿里關。[9]目前阿里關、小林都仍是早期的公廨形式，甲仙則因原土地改建，被遷移至溪旁，而以漢人廟宇形式「祖師祠」共祀。甲仙公廨是屬頭社系統，公廨原有的形式與太祖三姊妹的傳說紀錄如下：[10]

8　淺井惠倫，〈Siraya Makatao 2〉（筆記）。

9　陳漢光，〈高雄縣阿里關及附近平埔族宗教信仰和習慣調查〉，《臺灣文獻》，14（1）（1963），頁 160。

10　劉斌雄，〈臺灣南部地區平埔族的阿立祖信仰〉，《臺灣風物》，37（3）（1987），頁 40。

（公廨）坐落在部落的西北端，靠近面臨楠梓仙溪河成段丘上，附近有屠宰場，座落四周種植樹林。公廨建物原為木柱草頂的單間草屋，在二、三年前被風吹倒後，就沒有重新修建。現場置一綠釉甕子於扁平的石塊上，甕裏盛水，甕口用白、紅二色布覆蓋，甕前放上一件白磁碗，旁留一根竹柱竿，公廨原來的座向是向東的。稱甕仔曰 nimau，白布曰 kulai，紅布曰 məaipau，向神座曰 kəitanta agishiu（已佚），向竹曰 baruvuv（已佚）、公廨曰 kuva。

在公廨所祭祀的神稱曰太祖，女性，土稱曰 anag，與漢族的神明區別起見，俗稱為番祖。太祖有三位，有如下的傳說流布：

鄭國姓攻臺時，負責人都逃走，只有三位老婦留在臺南不走。鄭國姓進城後召見此三人，並告番眾說，此三人為你們的祖，你們要朝拜他們。

這三位太祖各有專名，但報告人已忘，不記得其名。甕裏的水是太祖平常要用的，在每月的初一、十五由向頭來換水。

上述甲仙的傳說指出太祖三姊妹祭祀的起源來自鄭成功的指定，真實性已不可考，但這個傳說附帶二項重要訊息：一是太祖土

稱 anaŋ，anaŋ 在甲仙、阿里關、小林等大武壠語意為母親；另一是講述此故事者，很可能來自臺南市海邊地區。類似的說法也在阿里關出現，相關傳說如下：

> 熟蕃以前跟紅毛人一起居住，是他們的傭人。因發生某事件，紅毛人逃走了。

> 公廨的神是 kuva，原來有人有七個姊妹，後來變七個紅色的玉了。大家移到各地時候，分配紅色的玉。現在沒有紅色的玉了，所以代用壺的水拜神。[11]

這則傳說與劉斌雄後來在甲仙所採錄的境遇類似，[12]強調與荷蘭人的關係與遷徙，1990 年代筆者剛到此地區訪問時，也曾聽聞類似的故事。[13]上述阿里關的傳說另指出太祖七姊妹變成紅玉，紅玉消失再以壺水代替的故事，某種程度解答了壺與紅玉重要性的先後關係。此外，故事中說明七個紅玉移到各地，說明太祖七姊妹的名字常與部落名稱結合，顯示既是太祖名，也是部落名的特色。太祖七姊妹的傳說是高雄地區大武壠生活區普遍流傳的故事，依傳說故事的型態分為兩類，其中小林祭祀與獵人頭的傳說相關，僅出現在日治時

11　資料來自淺井惠倫筆記（1996），筆記註記馬淵東一，受訪者許永 46 歲、潘水涼 67 歲（語言）、潘清英 57 歲、潘振成（唱歌）45 歲、翻譯巡查張清海。本篇筆記翻譯係請稻垣孝雄老師協助，非常感謝。

12　劉斌雄，〈臺灣南部地區平埔族的阿立祖信仰〉。

13　受訪者是小林潘富風先生（1997）。

期淺井惠倫筆記，[14] 這則傳說是：

> 以前熟蕃和生番互相獵頭。因為為了紀念獵了生
> 番的七個頭，……

　　這則說法記錄了早期「生、熟番」相互出草的歷史，明顯與太祖七姊妹是親屬關係的說法不同；這個故事同時記錄公廨屋頂插上七支染血（變黑）的竹刀，是為了「向老君獻上這刀，所以願望用這刀擊退蕃人」，與向笒上竹串插肉、肝是用來探知「生番」靈魂是否來吃？作為出草的預測。

　　小林另一個七姊妹的說法來自觀音媽乩童阿秀在太祖附身時的說法，認為太祖是七姊妹，第五位是男性「生番」的老君。[15] 這項說法接近淺井惠倫在昭和 6 年（1931）訪談六龜張港先生後所得。[16]

14　淺井惠倫，〈Siraya Makatao 2〉（筆記），筆記註記馬淵東一，受訪者許永 46 歲、潘水涼 67 歲（語言）、潘清英 57 歲、潘振成（唱歌）45 歲、翻譯巡查張清海。

15　在馬淵東一（淺井惠倫〈Siraya Makatao 2〉，1996）田野調查小林老君叫 mapriri-kihukun。

16　依清水純教授（2018）考證，張港的年齡與當時田野筆記受訪者年齡相差 30 歲，清水純教授推測是淺井惠倫記錯年齡。但據張港先生後裔表示其家族遷徙的路線，又與淺井惠倫當時記錄不同，因此懷疑是否是另有其人？尤其，淺井惠倫是在事後才交由警察派出所協助調閱資料。而另一個常被訪談者為劉港，從年齡來看則是與劉港相符。參照清水純，〈解：淺井惠倫著「シラヤ熟蕃研究斷片」〉，《台灣原住民研究》，22（2018）。

在淺井惠倫 OA266 原稿有如下的記載（原稿由日本清水純教授整理）：[17]

最大瓶　頭社 √ kuba
第二番　Kapowa
第三番　Sauli
第四番　boŋaboŋ
第五番　舊社
第六番　ali
第七番　Makatarlabaŋ　　　　　　（依原文照刊）

前述提到，大武壠太祖祭祀是屬部落型祭祀，部落名稱與太祖信仰結合，慣以姊妹稱呼，隱含部落與家庭兩義。此則傳說也有類似的意義。其中，頭社 kuba、第二番 Kapowa（茄拔）、[18] 第三番 Sauli（霄里）、第四番 boŋaboŋ（芒仔芒）、一至四項即是大武壠四社。第五番舊社，不能肯定其確實位址；第六番 ali 可能指西拉雅阿立祖、阿立母；第七番 Makatalabaŋ，可能是「匏老壳」，[19] 是俗稱的「老君」（後續將進一步說明）。七姊妹（兄弟）中排名前方，身分較為長者，是為大武壠的四社，某種程度有藉由神聖化的

17　本篇文章係請張亦瑾小姐翻譯，非常感謝。另原筆記紀錄日文是七兄弟，但考量文化差異，本地習慣以姊妹稱呼（即使其中有男性），因此改以七姊妹（兄弟）註明。

18　括幅內地名是作者加註。

19　陳漢光，〈高雄縣荖濃村平埔族信仰調查〉，《臺灣文獻》，13（1）（1962），頁 105。

社會位階（a ritually sanctified social ranking），提升社會分化（social differentiation）與中央化（centralized）的作用。[20] 換言之，大武壠太祖傳統信仰多姊妹（兄弟）的特質，既有融合其他社群遷入者，也藉此確認部落中奉祀大武壠太祖家族的社會地位。

在 OA266 原稿筆記下方記有七姊妹（兄弟）的傳說故事，但並不完整。另一份筆記 OA266B 做了較為詳細的紀錄，傳說內容同時包含了對於社會變遷的無奈與感傷的情感狀態。內容如下：

> 平埔族的七兄弟中有一人外出迎娶生蕃為妻，後續就沒有回來，他融入了蕃人中，連自己的兄弟和母親都不認識了，母親便為了見他而去到山上。他為了要獵人頭來到山上，便砍下了自己母親的頭。他帶著獵得的人頭回到村裡的公廨，覺得這個人頭似乎是自己的母親，仔細確認後更確定了這件事。

> 家裡的其他兄弟，也得知了這弟弟獵得母親人頭一事，便設法把母親的人頭索回。

> 弟弟與母親的頭一起回來了，蕃社的人們也一個個過世。哥哥們一個個死去，最後七兄弟都過世了。

20　Ester Boserup, "Environment, Population, and Technology in Primitive Societies." In Michael Redclift (ed.), *Sustainability: Critical Concepts in the Social Sciences* (New York; London: Routledge, 2005 [1976]) , pp. 157-171.

親戚祭拜這位母親與七個兄弟，Ali 就是母親與手足們的意思。

（淺井惠倫原稿，清水純整理，2018）

傳說通常具有多面相的意涵。其一，這則故事採自六龜地區，提到七姐妹（兄弟）中的弟弟因婚姻住在「蕃社」。這則傳說起於何時無從考證，但若僅考慮此則故事六龜的地理背景，鄰近桃源區拉阿魯哇族與茂林魯凱族，這些地區族群與大武壠人關係密切，有一起移居的傳說，[21] 兩者頗能相互印證。只是本故事提到母子因長久未見，釀成居住「蕃社」的兒子誤殺母親的悲劇。此則悲劇帶著驚嚇與悲嗆，是宗教信仰的起源，[22] 母親與七姊妹（兄弟）成了此一地

21　有關大武壠與鄰近原住民之間的遷徙，散見於小川尚義，〈インドネシア語に於ける台湾高砂語の位置〉，收錄於太平洋協会編，《太平洋圈：民族と文化》（上卷）（東京：太平洋協会，1944），頁 451-503，漢譯文見黃秀敏譯、李壬癸編審，《臺灣南島語言研究論文日文中譯彙編》（臺東：國立臺灣史前文化博物館籌備處，1993），頁 338-380、342。小島由道，《番族慣習調查報告書・第五卷》（第一冊）（臺北：臺灣總督府臨時臺灣舊慣調查會，1920）。移川子之藏、馬淵東一、宮本延人等著，楊南郡譯註，《臺灣原住民族系統所屬之研究・本文篇》（第一冊）（臺北：行政院原住民族委員會、南天，2011〔1935〕），頁 286。馬淵東一，〈高砂族の分類：学史的回顧〉，《民族學研究》，18（1-2）（1953），頁 1-11。簡文敏，〈「查某暝」與「偷拔蔥」——兩種女性生命型態之整合與比較〉，《臺灣風物》，52（3）（2002），頁 19-66。潘英海，〈〈「文化系」、「文化叢」與「文化圈」：有關「壺的信仰叢結」分佈與西拉雅族群遷徙的思考〉〉，收於劉益昌、潘英海主編，《平埔族區域研究論文集》，（南投：臺灣省文獻委員會，1998），頁 163-202 等。

22　Eliade, M., *The sacred and the profane: the nature of religion* (W. Trask Trans.) (London: Harcourt Brace Jovanovich, 1959) (Original work published 1957).

區（六龜）有關太祖祭祀起源的傳說。

其二是故事結尾，一方面是強調這個家庭的母親與七姊妹（兄弟）已經死亡，祭祀者事實上是其親戚。大武壠部落係以親屬（姻親）為基礎所建構，是南島語族共同議題之一，[23] 此則說明隱喻由家庭祭祀轉為親友或部落的祭祀，是由家拓展至社會（Family-Society）的特徵之一。另一方面是解釋 Ali 的意思為母親與手足之意，Ali 通常來自西拉雅祭祀系統，或是指私人奉祀的老君，[24] 此地將 Ali 的解釋為母親與手足之意，與西拉雅族的阿立祖信仰的相關概念並未符合，但有將西拉雅融入大武壠的文化成為一家的隱含意義。

其三，從族群被迫遷徙的災難來看，淺井惠倫收錄的七姊妹（兄弟）傳說，隱含著漢人入侵之後，本是姊妹（兄弟），卻因是否選擇「歸化」清朝與漢人？而被區分「生／熟番」，於是在早期出草習俗下所形成的困頓反思。早期原住民部落之間互有出草，但無殺害自己的母親的習俗。在此傳說裡，卻是小兒子前往原住民部落生活之後，執行出草，因此誤殺母親。這個傳說就在質疑出草是否合宜？或是換個方式思考，是否因為「漢化」後族群重新被區分居住，反倒成為殺害共同母親？OA266 筆記同時記錄：「Makatarlabaŋ

23　Douglas, Bronwen, "Pre-European Societies in the Pacific Islands." In Max Wuanchi & Ron Adams (eds.), *Culture Contact in the Pacific- Essays on Contact, Encounter and Response* (Melbourne: Cambridge University Press, 1993), pp. 15-31.

24　劉斌雄，〈臺灣南部地區平埔族的阿立祖信仰〉，頁 42。

是為了替代本島人的頭而取下母親的頭」，表明了這項族群變遷的悲哀。

在 OA266B 另有一重要的紀錄，與大武壠人的象徵概念有關，能與學術界慣常的說法做一對話。[25]

那麼大武壠人又如何自我詮釋太祖祭祀的象徵呢？目前所知的

---

[25] 相關「祀壺」的討論起自國分直一，〈平埔族聚落を訪ねて──新市庄新店採訪記〉，《民俗台湾》，1（6）（1941），頁 48-52。後來李亦園，〈台灣平埔各族所具之東南亞古文化特質〉，《主義與國策》，44（1955），頁 23-28；李亦園，〈台灣平埔族的祖靈祭〉，《中國民族學報》，1（1955），頁 125-137；李亦園，〈從文獻資料看台灣平埔族〉，《大陸雜誌》，10（9）（1955），頁 19-29。石萬壽，《臺灣的拜壺民族》（臺北：臺原出版社，1990）。潘英海，〈「文化系」、「文化叢」與「文化圈」：有關「壺的信仰叢結」分佈與西拉雅族群遷徙的思考〉，頁 163-202；潘英海，〈祀壺釋疑──從「祀壺之村」到「壺的信仰叢結」〉，收於潘英海、詹素娟主編，《平埔研究論文集》（臺北：中央研究院臺灣省研究所籌備處，1995），頁 445-474；潘英海，〈「在地化」與「地方文化」：以「壺的信仰叢結」為例〉，收於潘英海、莊英章編，《臺灣與福建社會文化研究論文集》（臺北：中央研究院民族學研究所，1995），頁 229-319；潘英海，〈聚落、歷史、與意義：頭社村的聚落發展與族群關係〉，《中央研究院民族學研究所集刊》，77（1994），頁 89-123；潘英海，〈文化合成與合成文化──頭社村太祖年度祭儀的文化意涵〉，收於莊英章、潘英海編，《臺灣與福建社會文化研究論文集》（一）（臺北：中央研究院民族學研究所，1994），頁 235-256；潘英海，〈有關平埔族研究的西文資料〉，《臺灣風物》，37（2）（1987），頁 39-53；潘英海，〈平埔族研究的困惑與意義──從郡式柏的博士論文「十七及十八世紀臺灣拓墾中的漢番關係」談起〉，《臺灣風物》，37（2）（1987），頁 157-165。
李國銘則有另一種詮釋，參見李國銘，〈從 re-present 到 represent ──臺灣南部祀壺信仰崇拜物的變遷〉，收錄於《族群、歷史與祭儀─平埔研究論文集》（臺北：稻鄉，2004）。

形式有二類，一是與小林抵禦「生番」或出草的傳說有關，二是與太祖七姊妹（兄弟）的傳說結合，是源自親屬關係的祭祀起源，普遍出現在大武壠生活區。第一類與抵禦「生番」或出草的原稿紀錄如下：[26]

在公廨的（竹串）把豬肝、鹿肝刺上。這樣的話，生番的靈魂（活人）來這裡吃。這樣的話，肝臟被削減或掉下去。這意思就是可以獵生番的頭的事前跡象。如果肝臟沒有被削減的話，不出去獵頭。這些咒，叫 tsuhyan（tyuhyan？），是不好的咒。熟蕃因為……所以不做咒。又沒有效力。這些咒，誰也都可以做。

公廨屋頂的竹刀的意思就是，向老君獻上這刀，所以願望用這刀擊退蕃人。把刀子畫黑色的意思就是因為殺了生番他們的血附著。因為好的吉祥物，所以做這樣。公廨的壺裡面的水，像望遠鏡的東西，用這個可以了解蕃人的行動。祭祀時候，在壺裡面放酒。

上述的傳說，集中在與「蕃人」的對抗，包括竹串上的豬肝、鹿肝不是祭祀太祖，反而是能否獵頭的徵兆？竹刀塗黑代表「蕃人」的血，表示吉祥；壺內水的表面則能如望遠鏡般徵看「蕃人」的行動。從傳說的故事結構與象徵意涵，似乎仍保留早期出草後人頭祭的時

26　馬淵東一，在淺井惠倫，〈Siraya Makatao 2〉（筆記）。

代？！這與《安平縣雜記》[27]的紀錄，或小林的口述頗能吻合，是與「蕃人」征戰時期的較為早期傳說。

第二類太祖七人，是姊妹（兄弟）關係，普遍在甲仙、六龜大武壠人生活區流傳。如馬淵東一在阿里關收錄七姊妹變紅玉再以壺水祭祀，[28]小林太祖七姊妹傳說，以及淺井惠倫在六龜採錄張港先生的傳說等。其中以後者最為清楚完整並且包括母親，相關說法與象徵如下：

豬下顎：母親的人頭取回時獨缺了下顎，便以豬下顎
代表母親的下顎。
葫蘆中的小米酒：代表去了蕃社的兄弟
毛：帶回母親的毛髮
貝環（串珠）：紀念七姊妹（兄弟）與母親的全部

（淺井惠倫原稿，清水純整理，2018）

前述的祭祀相關器物的象徵：包括下顎、葫蘆中的小米酒、毛、貝環等象徵，環繞在七姊妹（兄弟）與母親的傳說。貝環部分，另一說是串珠，匏仔寮仍有此傳說與紀錄，[29]串珠七顆被裝在一個小酒

27　不著撰人（清），臺灣銀行經濟研究室編，《安平縣雜記》（臺北：臺銀經濟研究室，臺灣文獻叢刊第 52 種，1959〔1895〕）。

28　淺井惠倫，〈Siraya Makatao 2〉（筆記）。

29　陳漢光，〈高雄縣匏仔寮平埔族宗教信仰調查〉，《臺灣文獻》，13（4）

杯裡面，[30] 埋在公廨祭祀石板之下。酒杯盛串珠的外型類如子宮孕育嬰兒，似乎比喻母親與七個子女所形成的家。這個傳說所形成的家，係以母親為主角，父親的角色缺席，與劉斌雄的調查紀錄，臺南、高雄地區大武壠傳統信仰以女神為主，[31] 顯示母親、女神在大武壠社會的重要性。

宗教的象徵系統通常具有強大的、廣泛的、恆久的情感與動機，[32] 前述七姊妹（兄弟）傳說故事指稱其中之一人進入「蕃社」，成為「蕃人」，顯示這個傳說是隨著時代而變遷，同時也隱喻著臺灣整體原住民被外族入侵後的苦楚。而這些苦楚只有回到母親（母愛）的懷抱，如小酒杯盛載著七顆串珠，家庭的重聚（母愛與兄弟姊妹之愛），才獲得解脫。從族群災難的歷史反思，七姊妹（兄弟）傳說所形成的太祖祭祀，是族群（大武壠與其他族群）群體共同療癒的行為。

此外，淺井惠倫曾投稿《民族學研究》而被退件，[33] 原稿提到

（1962），頁 88-89。

30　據十三行的考古資料，早期原住民埋葬親屬時，有將玻璃珠放在瓶甕的例子。參照臧振華、劉益昌，《十三行遺址：搶救與初步研究》（臺北縣：臺北縣政府文化局，2001），頁 48-49。

31　劉斌雄，〈臺灣南部地區平埔族的阿立祖信仰〉，頁 37；40；42。

32　Geertz, Clifford, "Religion as a Cultural System." In Clifford Geertz (ed.), *The Interpretation of Cultures* (New York: Basic Book, 1973), p. 90.

33　清水純，〈解：淺井惠倫著「シラヤ熟蕃研究斷片」〉，《台灣原住民研究》，22（2018）。

Makataraban 傳承祭祀的起源。從其原稿 OA009 所附祭具繪圖、Makataraban 的發音，與陳漢光先生 1960 年代前往六龜的調查「墨腳塔拉馬」（bagataramai），[34] 祭具語音相似，可能是指同一祭祀。

陳漢光先生的調查紀錄如下：

在這裡還有一種吊「匏老壳」的行事。據我所知，在過去平埔族研究的權威者，似乎沒有見到提起。我這次所調查更沒有看到，只是從若干年老的的口碑知道的。

所謂「匏老」，也就是葫蘆壳；這腰葫蘆是一種小型品種，大約有女人的兩個拳頭大。我曾在臺東知本村曾有發現，但據云：如果沒有腰葫蘆，也可用「土匏」（就是半腰葫蘆），我在「下濃」曾看到，只是不是曾經作為奉祀之用？卻無從獲知。這種奉祀，他們叫做「墨腳塔拉馬」（ba ga ta ra mai）。放置的位所是在正廳大門後，用繩子吊掛起來，初一、十五要燒香奉敬。禁忌事項大約與「祀罐」相同。普通「匏老」內不放置任何東西。「禁向」和「開向」的日期似乎與它沒有甚麼關係。每年只有一次大祭。那是在十月；但也可以用十一月、十二月、正月、二月，不

34　陳漢光，〈高雄縣茆濃村平埔族信仰調查〉，《臺灣文獻》，13（1）（1962），頁 105。

過用這些時期很少的。祀「匏」不是每家每戶都有的，同時更不是「向頭」、「尪姨」才有的。這是要從祖先遺傳的。在「頂濃」過去只有兩家，「下濃」也只有兩三家而已，這是說二、三十年以前的情形，現在當然連一家也沒有了。

　　「匏老壳」的大祭，是用花圈掛在「匏老」上，並燒香敬拜。主事者要披著紅色布，有如裙。帶著歌舞的一些人在大廳中面向「匏老」跪下唱歌，之後大家到庭中跳舞唱歌。據云：所唱歌辭與「公廨」唱的不同。[35]

陳漢光先生的田野調查適時補充了淺井惠倫的遺漏部分。

　　從上述文獻與口述有關大武壠太祖多姊妹（兄弟）傳說，或太祖與老君的分別，反映了大武壠所處生態環境、被迫遷移的歷史以及再聚群的包容性，其中淺井惠倫在六龜張港所收錄的七姊妹（兄弟）與母親被誤殺的祭祀起源，能因此了解平埔族群在外族入侵與被迫文化變遷的情景之下，所顯現對母親與家的渴望，以及家的親情、手足關係與部落相互交融的文化現象，值得深思。

35　陳漢光，〈高雄縣荖濃村平埔族信仰調查〉，頁 105。

第二節　大武壠太祖祭祀的文獻回顧

　　歷史文獻對於大武壠太祖祭祀的紀錄相對其他平埔族群來得豐富，留存至今的祭典與公廨，猶能與早期傳統文化特質相對應。為節省篇幅，前人已出版的紀錄，本節僅作概要介紹，日治時期仍未被介紹的田野調查紀錄，則盡量予以補充，作為文化復振的參考。分述如下。

一、甘治士（Candidius）牧師 1628 年完成的紀錄 [36]

　　荷蘭時期甘治士（George Candidius，1597-1647）牧師 [37] 對於當時臺南地區部落社會形式、公廨、尪姨與信仰的紀錄頗多，豐富的民族誌材料提供良好的佐證。甘治士（Candidius）牧師在天啟 5 年（1626）進入臺灣，將他所觀察的臺南平埔族群的生活、習俗記載下來，其中包括宗教信仰、祭司、神靈附身等內容。這份資料被收錄在甘為霖牧師（Rev. William Campbell）*Formosa Under the Dutch* 一書第一部分第二章。不過，這份資料係以臺南地區西拉雅部落為主的紀錄，費羅禮（Raleigh Ferrell）認為 Georgius Candidius 書寫臺南地區平埔原住民八個部落時，並未前去大武壠，他認為大武壠在

36　本段改寫自〈向頭、尪姨與大武壠〉部分內容，該文發表於「當代巫文化的多元面貌」學術研討會，中央研究院民族學研究所舉辦，民國 105 年（2016）11 月 3 日。

37　甘治士（Candidius）牧師崇禎元年（1628）完成的紀錄被收錄在甘為霖牧師（Rev.William Campbell）*Formosa Under the Dutch*（1903）一書第一部分第二章。Campbell, Rev. Wm, *Formosa Under the Dutch* (London: Kegan Paul, Trench, Trubner. Reprinted by SMC Publishing Co., Taipei, 1987[1903]).

語言文化上與西拉雅不同，是不同的族群，[38] 引用時仍須注意。

　　甘治士牧師（Candidius）記錄臺南地區宗教信仰時，分別使用 Priestesses 與 Inibs 兩種記述表示神職人員，似乎有意區辨其間部落與私人的差異。Priestesses 出現在部落議政時，議政的處所選定在公廨或供奉偶像的房子，顯示神靈信仰在公共事務占有重要的地位。尤其，長老需要監督 priestesses 的命令是否被遵循？說明信仰與政治合一，這些村社依靠神靈化的作用，推動公眾事務。須遵守的規定內容皆與日常生活細節有關，處罰的項目以剝奪犯規者的物品、衣服、酒、鹿皮等為主；這些村社的團體規範的性質，具平等特質且深入生活各層面，顯見當時集體生活的特質，與公眾事務的處置理性。[39]

38　日本語言學者土田滋把西拉雅、大武壠、馬卡道等分別成為獨立族群（土田滋，1985）。李壬癸早期的族群分類，雖也將武壠視為西拉雅分支（李壬癸，1992），但在後續音辨和構詞的研究指出，Taivuan（大武壠）跟西拉雅、馬卡道兩種語言似乎有較多的差異（李壬癸，2010a：7）；認為「Utrecht 稿本是根據 Siraya 語，《馬太福音》跟《基督教義》那二部書卻都是根據 Taivuan 語」（李壬癸，2010a：9）。李氏認為整個南島民族，語言最紛歧的地區是在臺灣，而臺灣南島語言最紛歧的地方在南部；進而推論嘉南平原最有可能是古南島民族的祖居地（李壬癸，2010b：3）。這些研究成果提示大武壠與西拉雅之間的文化差異與複雜性。參照費羅禮（Raleigh Ferrell），〈Aboriginal Peoples of the Southwestern Taiwan Plain〉，《中央研究院民族學研究所集刊》，32（1971），頁 217-225。李壬癸，〈從文獻資料看台灣平埔族的語言〉，《台灣語文研究》，5（1）（2010），頁 1-14。李壬癸，〈台灣東部早期族群的來源及遷移史〉，《台灣原住民族研究季刊》，3（4）（2010），頁 1-9。李壬癸，〈台灣南島語言的舟船同源詞〉，《民族語文》，74（1992），頁 14-17、33。土田滋（Tsuchida, Shigeru），" Kulon: Yet another Austronesian language in Taiwan? " *Bulletin of the Institute of Ethnology*, 60, pp. 1-59.

39　譯文引自甘治士（Candidius）著，葉春榮譯，〈荷據初期的西拉雅平埔

前述的記錄 Priestesses 的角色，從文字上來看係指具有權威或權力來管理部落宗教儀式的女祭司，葉春榮教授將其翻譯為尪姨（Anii），與宗教方面另一神職人員 Inibs 同樣翻譯為尪姨（Anii）。甘治士牧師（Candidius）記錄 Inibs 的角色、附身與工作任務，如在公廨進行請神、獻神，到家戶做法，從事預測天氣，除穢去邪、驅魔趕邪靈與神靈附身等，[40] 說明尪姨的任務在於擔任人與神、靈之間的溝通及處理糾紛。Priestesses 與 Inibs 兩種角色似乎代表著公 vs 私的區別，這項區分在《安平縣雜記》也有類似的紀錄。

二、《安平縣雜記》

《安平縣雜記》是清朝統治時期開始調查，完成於日本統治初期。當時作者未明確留下紀錄，引起後來學者揣測。《安平縣雜記》除了記錄當時安平縣社會的風俗與官方統治的資料之外，其中有關「四社番」的習俗紀錄，對於大武壠太祖祭祀的傳統信仰有諸多描述，包括開向、禁向、公廨形式、向神座、祭祀方式與尪姨作法等，公向與私向明確被區分。

其中值得注意的是，《安平縣雜記》記錄了大武壠太祖信仰的相關禁忌與儀式行為，對個人、家庭與生態資源應用，產生規範性作用。依《安平縣雜記》的紀錄，開向（農曆三月十五日）與禁向（農

族〉，《臺灣風物》，44（3）（1994），頁 216-217。

40　甘治士（Candidius）著，葉春榮譯，〈荷據初期的西拉雅平埔族〉，《臺灣風物》，44（3），頁 204-208。

曆九月十五日）的日期，正好與臺灣的乾濕季配合；開向則可狩獵、歌舞歡樂，禁向後則「**男女各要專心農事，不能射獵、歌舞，亦不能婚嫁**」，這些禁忌規範了部落內生態資源應用的永續性與公平性，使生計模式兼及狩獵與農耕的更替；歌舞與婚嫁的禁忌，影響範圍則及於家庭與個人。間接說明當時的邊疆社會，清朝統治的行政管理效力仍有限，傳統太祖信仰扮演重要角色。

三、陳漢光先生文史紀錄

陳漢光先生在民國 50 年至 51 年（1961-1962）期間曾前往甲仙、瓠仔寮、阿里關、小林、荖濃、六重溪等大武壠生活區調查傳統信仰，留下珍貴的資料。這些文獻後來發表在《臺灣文獻》，能作為太祖祭祀文化復振的最重要的參考之一。事實上，自民國 85 年（1996）平埔文化復振以來，此項資料即常被小林作為復振參考。這些調查紀錄包括公廨形式、祭祀程序、相關傳說、神職人員與祭祀有關的活動、祭品、祭祀歌謠（包括曲譜與早期語言的羅馬拼音）、照片等，內容相當豐富。其中有關禁向、祈雨、巴達興、匏老殼、七年飢荒等紀錄，能作為進一步文化復振與研究的參考。小林大滿舞團王民亮團長已針對當時留存的曲譜，對照淺井惠倫的早期錄音，逐一重新復唱（可參考第四章）。

四、劉斌雄先生文史紀錄

劉斌雄先生到高雄地區的調查與陳漢光先生同一時期，不過當時並未馬上發表，而是其門生協助整理，民國 76 年（1987）才正式出版。劉斌雄先生的調查範圍包括臺南、高雄等地，係以元素的概念，希望能從眾多的文化要素中統整出族群之間的差異。可能是基於比較的關係，這份調查報告係依固定的調查項目，在臺南與高雄地區仍留存的公廨與祭祀提出說明，雖未對諸項調查作出族群區辨，但因內容詳盡，是最重要的參考文獻之一。

五、林清財、溫振華、吳榮順與大滿舞團等調查收錄

林清財教授（1987）就讀師大音樂研究所期間，曾訪問張順興，並收錄六首早期的祭祀歌謠。溫振華教授在民國 84 年（1995）接受高雄縣政府委託出版《高雄縣平埔族史》，除了對於祭祀的內容有所著墨之外，與溫秋菊教授一同採錄多首祭祀歌謠。吳榮順教授民國 87 年（1998）接受高雄縣政府委託，進行高雄地區平埔族群民歌採錄與出版，是近期最重要的祭祀歌謠收錄與出版之一。[41] 此外，民國 98 年（2009）莫拉克風災之後才成立的小林大滿舞團，近年積極重新復振早期的歌謠，包括太祖祭祀時曾使用的古謠，先後出版《歡喜來牽戲》（2015）、《太祖的孩子》（2016）、《回家跳舞》（2018）等，兼具文化保存與傳承。

41　吳榮順，《高雄縣境內六大族群傳統歌謠叢書 3：平埔族民歌》（CD ／書籍）（高雄：高雄縣立文化中心，1998）。

六、日治時期馬淵東一與淺井惠倫的調查

日治時期馬淵東一與淺井惠倫曾分別到高雄大武壠生活區的甲仙、六龜與桃源（被抽籤派往者）調查，以及花蓮大庄，這些資料還未被完全整理發表，甚為可惜。基於資料收集與推廣的考量，本處將盡量摘述當時的田野報告，以為參考。

馬淵東一曾分別到高雄地區甲仙、六龜與花蓮大庄與臺東等地田野調查，目前日本國立民族學博物館仍保存東部 Taivoan 的田野筆記，但他跟隨移川子之藏在高雄地區的調查，經詢問國立臺灣大學人類學系胡家瑜教授，當時的筆記並未留存；而是在淺井惠倫整理西拉雅與馬卡道的筆記之中，在東阿里關、六龜紀錄、劉港部分都標註「馬淵」或「馬淵調查」，是否從馬淵東一的田野筆記獲得？仍須要進一步考察。這份筆記係以筆畫下公廨與太祖祭祀相關器物，與後來淺井惠倫直接以相機拍攝不同。

存於淺井惠倫整理筆記而標註馬淵東一的調查內容大要如下：[42]

東阿里關（今甲仙區關山里）

根據口頭傳承，當部落的藩民，是太古臺南縣新

42　淺井惠倫，〈Siraya Makatao 2〉（筆記）。

化郡大目降地方的生蕃，一百二十年前日本延享元年（乾隆 9 年）變熟蕃了。被清國商人騙，失去財產了。

……

熟蕃以前跟紅毛人一起居住，是他們的傭人。因發生某事件，紅毛人逃走了。

公廟的神是 kuva，原來有人有七個姊妹，後來變七個紅色的玉了。大家移到各地時候，分配紅色的玉。現在沒有紅色的玉了，所以代用壺的水拜神。

這地方的 kikiz（笒），沒有放入石頭。為什麼壺裡面放水，這不清楚。祭拜太祖的時候也沒有放入酒。跟芒濃不一樣。三月十六日、九月十五日的祭拜時候，有賽跑。贏者可以拿公廨裡面的葫蘆的酒。葫蘆叫 tanagaku。

把 matak（貝殼製作的）用線戴在手臂上。這就是在家有拜 angipu（紅姨婆）的意思，戴上這個的話不會得病。

接續內容是訪問收錄的單字，以及前往臺東、花蓮玉里、大庄、觀音山的路線，係經由潮州冀箕湖（今屏東新埤）、Likni 社，走古道穿越山區到臺東大武（巴塱衛）再北上。

小林

訪問筆記後面記錄受訪者潘通，說明小林部落的形成。

　　以前，獵頭時候，在公廨的架子上把人頭並排放置。公廨，每年九月十三日或十五日左右，重新建立。

　　一百多年前，叫後堀仔……，在溪東平林有熟蕃人居住，上部灣垢，有福建人居住。……因為蕃人的危害頻繁，漸漸移住到別的地方。加上，明治33年及37年，因再跟土匪合謀，被受到軍事制裁，後堀仔變成無人的地方了。37年2月，把溪東平林的投降土匪熟蕃人二十七戶移動到小林，讓他們開墾埔角臺野。後來，明治39年1月，移住到蚊仔只的熟蕃人三十七戶，因害怕蕃人的危害，再移住到小林，形成了集團部族。原來後堀仔……，大正9年制度改正的時候分給臺南洲了。

　　蚊仔只的熟蕃，以前居住在西大邱園，後來移住到甲仙阿里關等等。開始的時候，打算在蚊仔只蓋房子移住，但是蕃人不允許，所以轉住到小林。現在在後堀子平林沒有部族。溪東就是西大邱園……，平林就是那個對岸。

以下潘通的講話內容

　　以前熟蕃有頭社蕃和新港蕃的兩種，但是現在沒有區別都一樣了。

　　以前在灣裡，有新港蕃居住。

　　新港蕃的後裔，也有小數在小林，但是在臺南洲下的比較多。小林、六龜、荖濃、甲仙等，大部分是頭社蕃。

　　……

　　在房子裡面拜拜的豬頭骨，叫 arip。在小林已經這習慣沒有了。因為也有熟蕃的干涉。

　　公廨的拜神叫太祖。在 agichin（筓）前面的壺裡面的水，每月一日和十五日換水。壺裡面，祭拜的時候也不放酒。

　　在 tega 的七支茅束、在 agichin 的七支竹串、在屋頂的七支竹刀，這些由來在甲仙知道了，記錄下來。

　　為什麼製作 agichin，理由不清楚。

甲仙埔

　　叫甲仙的蕃人移住開墾的地方。每年發給四社蕃一百圓日幣錢，因為這地方原來四社蕃的地方。還有，每三年一次把牛肉豬肉也送給簡仔霧蕃。

　　把螺的貝殼戴上衣服。就是太上老君的徒弟的意思。

　　熟蕃的刺繡，從很久以前有。公廨的拜神，老君叫 mapriri-kihukun。在房子裡面拜的豬頭骨叫紅姨豚（angi-ti）或蕃仔佛（hoanaput），祭拜老君。

　　以前熟蕃和生番互相獵頭。因為為了紀念獵了生番的七個頭，在公廨的內部的竹串也是七支，tega 的茅束（向竹）也是七支，竹刀也是七支。……

　　月經期間的女生，不能進去公廨。

　　在公廨的（竹串）把豬肝、鹿肝刺上。這樣的話，生番的靈魂（活人）來這裡吃。這樣的話，肝臟被削減或掉下去。這意思就是可以獵生番的頭的事前跡象。如果肝臟沒有被削減的話，不出去獵頭。這些咒，

叫 tsuhyan（tyuhyan？），是不好的咒。熟蕃因為⋯⋯所以不做咒。又沒有效力。這些咒，誰也都可以做。

公廨屋頂的竹刀的意思就是，向老君獻上這刀，所以願望用這刀擊退蕃人。把刀子畫黑色的意思就是因為殺了生蕃他們的血附著。因為好的吉祥物，所以做這樣。公廨的壺裡面的水，像望遠鏡的東西，用這個可以了解蕃人的行動。祭祀的時候，在壺裡面放酒。

⋯⋯

祭祀的時候，在公廨獻上糯米、布等等。祭祀時候在公廨裡面唱的歌，添加節奏只講公廨裡面的東西的名字而已，不是唱歌。

六龜里

乾隆 26 年（一百五十年前、日本曆寶曆 11 年），四社熟蕃的土地是，芒仔芒社熟蕃被壓迫漢人，住在楠梓仙溪東岸坊寨附近，某時去狩獵到荖濃溪畔，發現肥沃的平原，在這地方形成了一個村莊。

村莊裡面有公廨，拜拜公祖。這地方的蕃人叫公廨「kuba」，叫公祖「hagan」。在芒仔芒，從公廨請

來臨的神體是陶的兩個小瓶，埋在廟裡，每年十一月十五日，芒仔芒社系的人集合拜神。每年九月十五日解餇，三月二十六日禁餇。那個期間，男女在晚上聚會，牽手與彼此保持同步，唱著歌。

茗濃

　　村莊裡面有一個小廟，叫公廨。跟六龜里的一樣，每年三月二十五日拜神。根據口頭傳承，從頭社請來臨的，叫頭社公廨。

昭和 13 年（1938）淺井惠倫帶著攝影與錄音器材，拍攝牽戲動態影帶、平面照片與錄音，保留相當多珍貴的資料。

淺井惠倫的田野紀錄資料相當豐富，其中尚包括語言、歌謠的錄音與牽戲的動態錄影，對文化復振具有相當大的助益。可惜的是，至目前為止被整理出版的內容相當少，其原因部分來自田野筆記資料的零碎，以及字跡不易辨別，若無此地區長久厚實的田野經驗，不易整理出脈絡來，未來仍需更多的研究。

第三節　向頭與尪姨

　　從第一節與第二節的說明，能理解高雄地區大武壠太祖信仰在傳說、象徵與祭祀方式，具有普遍的共通性，也有地域性小差別。與西拉雅與馬卡道比較，外觀容易區辨，但太祖七姊妹（兄弟）與其神職人員名稱，仍然常混淆。為了釐清這個問題，先從荷蘭時期的文獻紀錄討論起。

　　前述提到甘治士牧師記錄臺南地區平埔族群宗教信仰時，[43] 分別使用 Priestesses 與 Inibs 兩種記述表示神職人員，似乎有意區辨部落與私壇之間的差異，這項區分在《安平縣雜記》也有公向、私向的紀錄，不過即使如此，前述兩項紀錄都對神職人員尪姨的角色與作法特別著墨。這種現象持續延續到日治時期馬淵東一與淺井惠倫的田野調查，馬淵東一在小林發現老君名：「mapriri-kihukun」[44]，淺井惠倫 OA009 在昭和 6 年（1931）8 月 15 日訪查東大邱園「hukun」，OA266、OA266b 的「Ali」與「Makataraban」等，在本地區有以老君稱謂。

　　1960 年代陳漢光與劉斌雄在甲仙、阿里關、匏仔寮等地的調查，對於上述的疑問有了進一步的解答。其中劉斌雄指出大武壠太祖以（農曆）九月十五日為祭祀日，單房型公廨內部有主柱和向神座，

43　譯文引自甘治士（Candidius）著，葉春榮譯，〈荷據初期的西拉雅平埔族〉。

44　淺井惠倫，〈Siraya Makatao 2〉（筆記）。

同時區辨太祖與老君的不同，大部分的太祖是多姊妹等。[45]他在南臺
灣平埔族祭祀的調查裡，統整出北頭洋、白水溪、六重溪、灣丘、
甲仙埔、阿里關、匏仔寮等都設有向頭，[46]當中阿里關部分，指「向
頭」有劉清花（女）及劉永全（男）二人，每年各管祭祀一次，前
者主辦九月十五日的「開向」，後者主持三月十五日的「禁向」，
而且這職務是世襲下來的。[47]

　　向頭與尪姨奉祀的神明各有不同，在甲仙，被奉祀在公廨裡面
的神明被稱為「太祖」，是女性的神明，當地稱為「anaŋ」，每月
的初一、十五由向頭來換水。[48]另有能醫病或「放向」的尪姨，大多
數為女人，奉祀老君，正名「ali」，是女性神靈，在屋裏正廳左內
角放置的石板上放酒矸型的老君矸，放向時，尪姨即拿老君矸到要
作向的人家向豬頭壳求螺錢「kakarai」。[49]

　　劉斌雄在阿里關的調查已無尪姨，是從口述提到尪姨的家裏奉
祀的是「太上老君」，如甲仙一樣在私宅正廳左側石板放老君矸，
後方則插一枝有尾梢的竹枝，上面掛著豬頭壳 bavui kiuku；其求螺

45　劉斌雄，〈臺灣南部地區平埔族的阿立祖信仰〉，頁 32-33。

46　劉斌雄，〈臺灣南部地區平埔族的阿立祖信仰〉，頁 49。

47　目前蒐集的資料仍未齊全，但這些訊息對於解開大武壠族早期社會型態與
　　婚姻制度的變化可能有所幫助。參照劉斌雄，〈臺灣南部地區平埔族的阿
　　立祖信仰〉，頁 43。

48　劉斌雄，〈臺灣南部地區平埔族的阿立祖信仰〉，頁 40。

49　劉斌雄，〈臺灣南部地區平埔族的阿立祖信仰〉，頁 42。

錢、放向或分尪姨母、尪姨腳等，與甲仙埔相同。[50] 另在同是大武壠人為多數的六重溪部落，太祖五姊妹各有五位尪姨奉祀，並由其指導公廨的祭祀，[51] 與甲仙、阿里關等公廨祭祀不同。可惜的是劉斌雄的調查未包含小林。

在同一時期，陳漢光調查阿里關、甲仙、小林，說明公廨向頭如何引導儀式進行，無尪姨的紀錄。[52] 不過在匏仔寮的調查裡，提到公廨奉祀太祖與太上老君，只是無尪姨紀錄，而是由負責傳承牽曲的唱法並教導村人的師傅，會兼任尪姨的工作。[53]

在大武壠地區，「向」是對於宇宙之間神祕神靈力量的稱呼，與此相關的行為或物件，常以此命名。以小林為例，行早期巫術者，稱「作向」或「放向」，公廨內所使用的器具、祭品，如水、酒、笱、竹子、柱、竹刀、缸等，被稱為向水、向酒、向笱、向竹、向柱、向刀、向缸。依上述邏輯，向頭係指協助公廨奉祀太祖者，初一、十五需換水，打掃環境，處理部落相關的祭儀。或許因為處理的事務涉及公眾，理性行政能力是具備的要素之一，與女巫作向、起乩、附身的狂亂相比，後者更能吸引異族者文化搜奇的注意；甘治士、《安平縣雜記》、馬淵東一、淺井惠倫等對祭司在公眾祭祀的情景

50　劉斌雄，〈臺灣南部地區平埔族的阿立祖信仰〉，頁 44。

51　劉斌雄，〈臺灣南部地區平埔族的阿立祖信仰〉，頁 35-36。

52　陳漢光，〈高雄縣阿里關及附近平埔族宗教信仰和習慣調查〉，頁 159-167。

53　陳漢光，〈高雄縣匏仔寮平埔族宗教信仰調查〉，頁 89。

幾乎未加描繪,或許與此有關。

　　統整大武壠地區有關向頭與尪姨的區辨,以二分法的區分約如
表 2-2:大武壠向頭與尪姨比較表。

表 2-2　大武壠向頭與尪姨比較表

項目	向頭	尪姨
事務性質	部落公廨管理與祭祀	私家為主
奉祀神靈	太祖	老君／太祖
儀式地點	公廨	私壇／公廨
向水(酒)法器	壺、甕	瓶

　　從表 2-2 可知,大武壠地區向頭與尪姨各有其功能與奉祀神靈,
兩者有其差異之處,但在傳說裡,各自奉祀的神靈卻有緊密的親屬
關係。高雄地區大武壠部落的太祖是七姊妹(兄弟),或是劉斌雄
調查臺南六重溪,老君被認為是太祖的女兒,太祖是全村的神,老
君是保家的神。[54] 前者是手足關係,後者是母女關係,是一等或二等
親屬。向頭與尪姨的情感連帶即透過神靈之間的親屬關係,獲得「神
靈關係連結」的延伸,與南島語族以親屬關係為其社會制度基礎的
特性相呼應。

54　劉斌雄,〈臺灣南部地區平埔族的阿立祖信仰〉,頁 37。

第四節　1996 年文化復振後至今

　　從《安平縣雜記》、馬淵東一、淺井惠倫、陳漢光、劉斌雄等不同時期的紀錄可知，小林、阿里關與荖濃等地的太祖祭祀存在已久。從三地公廨的外觀與重要器物的呈現，與早期的紀錄相差無幾。只是歌謠與祭辭部分缺乏傳承，部分已有所遺忘。但亡羊補牢猶未晚矣，透過有計畫性的協助，當能保存此一重要的文化資產。以下即以小林、阿里關、荖濃三地目前的太祖祭祀方式，以圖文方式說明。

一、小林太祖祭祀

　　小林太祖祭祀文化復振自民國 85 年（1996）起，即由政府補助辦理，至今已超過二十年。這二十餘年期間，雖然主持者或有不同，不過祭祀的形式大體分為下列幾項重點：

1. 翻修公廨：農曆九月十五日早上由族人合力翻修公廨，將去年安置的向竹、向笥、頭圈、茅草屋頂等換新；向水與向酒則是清洗向缸後裝入新的水與酒。此項工作約於中午前完成。

2. 立向竹：早期由劉家後裔上山砍竹，竹子須選竹尾部大且向東者。當翻修公廨完成後，向太祖請示擇時立向竹。立向竹時備祭品祭祀（如圖 2-1、圖 2-2）。

▲　圖 2-1　立向竹時備祭品祭祀（范鎧麟攝影）

▲　圖 2-2　向竹（范鎧麟攝影）

3. 族人祭祀：下午約 5 點，族人自備或由社區準備大量祭品聯合祭祀，這是屬於個人與社區部落對太祖之間的祭祀。祭祀的方式係由向頭帶頭唸祭辭，今年（2017）向頭（司儀）除了口語，並用〈喔依嘿〉歌謠唱誦祭品；此外今年改用手合十鞠躬禮拜，不拿香枝。依照民國 85 年（1996）文化復振後所形成的慣例，這些祭品都留在美食區進行共食（如圖 2-3）。

▲ 圖 2-3　族人祭祀（范鎧麟攝影）　　▲ 圖 2-4　公辦夜祭（范鎧麟攝影）

4. 共食：祭祀太祖的祭品移至美食區，請族人與來賓一起共食，充分發揚早期部落社會的共食文化。

5. 公辦夜祭：約於夜間 6 點半開始，由族人與來賓以古歌謠唱誦的方式祭祀。由男耆老進入公廨內，女族人在公廨外。今年（2017）唱誦古歌謠是〈搭母洛〉；是藉著歌謠報告太祖公廨的翻修、準備的祭品等等。唱誦時由男人起唱，女人隨後跟唱（如圖 2-4）。

6. 牽戲：祭祀太祖的〈搭母洛〉唱誦之後即由公廨左門進，右門出，牽手唱跳〈加拉瓦兮〉。踩四步舞，左腳先出，右腳跟進。之後再到廣場圍圈。這時回家的族人與來賓能一起參與牽戲（如圖 2-5、2-6）。

7. 同樂：依據耆老的口述，以往祭祀時都會一起玩笑、遊戲、唱歌同樂。以族人祭祀的觀點來看，這是祭祀的重要成分之一（如圖 2-7、2-8、2-9）。

▲　圖2-5　公廨內牽戲（范鎧麟攝影）

▲　圖2-6　公廨外牽戲（范鎧麟攝影）

▲　圖2-7　大鼓陣（范鎧麟攝影）

▲　圖 2-8　大滿舞團演出古歌謠
　　　　　（范鎧麟攝影）

▲　圖 2-9　藝陣（范鎧麟攝影）

▲ 圖 2-10　走鏢（范鎧麟攝影）

▲ 圖2-11　狩獵體驗一（范鎧麟攝影）

8. 巴達興（走鏢）：這是早期祭祀即存在的重要活動，本次
（2017）安排在下午進行（如圖 2-10）。

9. 文化傳承與推廣活動：以早期歷史文化相關活動為主，包
括早期狩獵體驗、文物館文物與文獻展等。動態活動如圖
2-11、2-12。

今年（2017）的太祖祭祀由劉國和擔任「尪姨」的角色，協助祭
儀進行，他的家族早期奉祀「老君」，據說是太祖七姊妹中排行第五
的「生番」（如圖 2-13）。只
是從民國 107 年（2018）的祭
典觀察，他的祭司地位似乎逐
漸被淡化，有逐漸恢復早期由
向頭主導的趨勢。

民國 98 年（2009）莫拉克
風災之後，原向頭不幸逝世，

▲ 圖 2-12　狩獵體驗二（范鎧麟
攝影）

▲ 圖 2-13　太祖祭祀「尪姨」（范鎧麟攝影）

目前正式的新向頭還未經過共識
產生，最常請周坤全耆老主持敬
拜，但平時初一、十五換水與管
理，則由原向頭女兒就近負責。

二、阿里關太祖祭祀

　　民國 85 年（1996）平埔文
化復振風潮中，阿里關太祖祭祀
並未被選為復振輔導的地區，這
裡的太祖祭祀大體上仍保留早期
的祭拜方式。圖 2-14 是民國 88

▲ 圖 2-14　1999 年阿里關夜祭耆
　　老金枝葉祭祀太祖的
　　情形（簡文敏攝影）

▲ 圖 2-15　因公廨缺電，祭祀時點
　　　　　蠟燭進行（簡文敏攝影）

▲ 圖 2-17　公廨祭祀一（鄭富璁攝影）

▲ 圖 2-16　立向竹（鄭富璁攝影）

▲ 圖 2-18　公廨祭祀二（鄭富璁攝影）

年（1999）阿里關夜祭時金枝
葉耆老唱誦〈喔依嘿〉（或稱
邦壓〔 Ponga 〕）祭祀太祖的
情形。當時祭祀者都為阿里關
耆老為多，因公廨缺電，因此
祭祀時點蠟燭進行，圖 2-15 即
是當時情景。此地太祖祭祀是
在農曆九月十五日清晨開始翻
修公廨、立向竹，下午約 6 點
進行夜祭。

大武壠
人群移動、信仰與歌謠復振

▲ 圖 2-19　祭品擺設（鄭富璁攝影）

▲ 圖 2-20　祭祀（鄭富璁攝影）

▲ 圖 2-21　牽戲（鄭富璁攝影）

　　民國 106 年（2017）農曆九月十五日進行的歷程與前述類同，早上公廨翻修後，約上午 10 點立向竹，之後祭祀（如圖 2-16、圖 2-17、圖 2-18）。此地帶領祭典者為新任向頭。

　　傍晚前村民與社區活動中心準備祭品擺設，約下午 6 點進行太祖祭祀。此地祭祀以口說及唱誦〈喔依嘿〉，並隨即進行牽戲（如圖 2-19、圖 2-20、圖 2-21）。

與小林、荖濃相比，阿里關需要政府更多的輔助，才容易保存其早期文化。

三、荖濃太祖祭祀

荖濃地區公廨位在頂荖濃，原為一處（如圖 2-22），後來因陳家販賣土地，範圍包括原太祖祭祀用地，家庭不順，遂在住宅旁另設一祭祀空間（如圖 2-23，2001 年攝）。不過原祭祀太祖處土地被外地人買走，在村民、清奉宮與荖濃國小等協力之下，另蓋目前使用的公廨（如圖 2-24）。

▲ 圖2-22　荖濃舊公廨（簡文敏攝影）　▲ 圖2-23　陳家太祖（簡文敏攝影）

荖濃太祖祭祀於農曆九月十五日舉行，早上進行公廨翻修、立向竹，此地與阿里關、小林不同的是，向竹尾端是掛斗笠與豬肉塊（如圖 2-25），後者則是稻草束。另，向竹也未綁七個草束。特別的是向笱尾端成竹籤狀，上插肉片，與馬淵東一在日治時期的調查相同（如圖 2-26）。

▲ 圖2-24　茖濃新公廨（簡文敏攝影）

▲ 圖 2-25　向竹（王姿婷攝影）

▲ 圖 2-26　向筶尾端成竹籤狀插肉片（王姿婷攝影）

▲ 圖 2-27　祭品一（王姿婷攝影）　　▲ 圖 2-28　祭品二（王姿婷攝影）

　　與往年不同，民國 106 年（2017）一陳姓信徒與社區發展協會各奉獻一頭豬（如圖 2-27），加上自備的食物祭品（如圖 2-28）與生活用品祭品（如圖 2-29）。

▲ 圖 2-29　祭品三──生活用品（王姿婷攝影）

▲　圖 2-30　公廨內唱誦〈搭母洛〉（王姿婷攝影）

　　荖濃太祖祭祀係由耆老坐在公廨內，唱誦〈搭母洛〉（如圖
2-30、2-31、2-32）。這首歌謠原為部落潘文桂生前所唱，是目前〈搭
母洛〉多個版本中較為齊全者。唱誦〈搭母洛〉時，男女耆老齊坐
在公廨內竹椅上，與小林不同。

▲　圖 2-31　公廨內唱誦〈搭母洛〉
　　　　　　（王姿婷攝影）

▲　圖 2-32　公廨內唱誦〈搭母洛〉
　　　　　　（王姿婷攝影）

▲ 圖 2-33　牽戲一（王姿婷攝影）

▲ 圖 2-34　牽戲二（王姿婷攝影）

▲ 圖 2-35　牽戲三（王姿婷攝影）

　　唱誦後即至公廨外牽戲
（如圖 2-33、2-34、2-35）。

　　荖濃部落申請原住民委員
會活力部落補助，社區已逐漸

▲ 圖 2-36　社區工藝（王姿婷攝影）

▲ 圖 2-37　工藝展示（王姿婷攝影）

發展早期工藝與刺繡，在此次祭祀活動中，公廨旁設有攤位展示成果（如圖 2-36、2-37）

　　除此之外，與小林太祖祭祀類似，當日下午與祭祀後各有文化與同樂活動演出（如圖 2-38、2-39）。屏東高樹鄉加蚋埔族親並前

▲ 圖 2-38　活動演出（王姿婷攝影）

▲ 圖 2-39　活動演出（王姿婷攝影）

▲ 圖 2-40　屏東高樹鄉加蚋埔族（王姿婷攝影）

來探望、祭祀（如圖 2-40）。

　　總結來看，小林（阿里關、荖濃類似）平埔部落的形成係以大武壠人為多數，在不同遷徙時間、地點與族群的家族，透過綿密的婚姻關係與生計互助，即使此時漢人神靈信仰已涉入部落與個人生活，但太祖夜祭仍能體現是「族人」而非信徒的群聚意識。這種現象某種程度反映早期傳統信仰的特質。從早期有關傳統信仰的文獻紀錄，向頭雖負責部落公廨，奉祀太祖；尪姨在家宅私壇，奉祀老君，表面上兩者的角色與功能略有差異，但分別奉祀的神靈：太祖與老君屬於母女或是姊妹手足的關係，透過這種神靈親屬關係連帶，向頭與尪姨產生緊密連結，與南島語族以親屬關係為其社會制度基礎的特性相呼應。

小結

　　本章主要針對高雄地區大武壠太祖傳說與祭祀的起源、相關歷史文獻、神職人員（向頭與尪姨），以及民國 85 年（1996）文化復振至今的變遷概要。從前述各節的說明與討論之中，能了解大武壠早期的歷史紀錄與目前祭祀方式差異並不大；更重要的是，太祖祭祀仍是小林、阿里關、茫濃等地大武壠人日常實踐的信仰，能保留南島語族早期的文化特質，是重要的文化資產。

　　為了保存和推廣的用意，本章內容特別將日治時期馬淵東一與淺井惠倫的筆記，盡量依照原稿登出。由於筆記的字跡有些潦草，字的辨認不易，因此有些字句並不清晰，請讀者諒解。

第三章

大武壠文物典藏
與應用

簡文敏

本章介紹大武壠重要文物典藏與應用，由於早期族群分類常將大武壠歸為西拉雅族，加上收藏標本部分來自收藏家（古物商），以致到目前為止，文物的族群辨別仍亟待進一步研究。以下分三節說明之。[1]

第一節　大武壠文物與其應用

文物是人類發展過程中因能代表族群文化、歷史、事件、工藝技術等特質而能被保存下來，因而也能藉著文物追溯早期生活文化的各種樣貌。高雄地區大武壠族目前留存的文物，以器物材質分類可分為：

1. 服飾類：如頭布、劍帶、腰帶、頭巾、錢袋、檳榔帶、披肩等。

2. 文書類：如地契、古文書（如淺井惠倫收錄的歌謠單）、志書、歌謠、圖像等。

3. 植物類：如班碑、佛像、網袋、筍、葫蘆、魚釣、弓與箭、博仔（趕鳥器）、敲仔（傳聲器）、斛仔笠、竹槍、竹刀，以及竹木類生活器具等。

4. 陶瓷類：如壺、甕、瓶等。

1　感謝本書審查委員意見，本文寫作期間獲得陳亮好、許齡文、黃郁婷等協助，謹申謝意。

5. 動物類：祭祀用的豬頭骨、鹿角、弓箭袋、貝殼等。

6. 其他：如鐵製類器具、石像、瑪瑙等。

上述的資料能提供研究、了解早期文化特質，甚至能成為文化復振的重要材料。如胡家瑜教授整理大武壠服飾：《針線下的繽紛——大武壠平埔衣飾與刺繡藏品圖錄》[2]即是一例。文物的分析研究，能解讀或詮釋不同層面的社會文化訊息。[3]胡家瑜教授實際檢視大武壠的衣飾藏品，從技術、繡紋結構和圖案符號等幾個不同角度，分析大武壠刺繡的工藝表現。發現大武壠刺繡衣飾有下列特點：

1. 幾乎都是繡在黑色、藏青或深藍色等暗色布塊上，對比襯托出鮮豔多彩而細緻複雜的刺繡紋樣。

2. 運用的技法，幾乎都是平針繡和十字繡二種繡法，經常一件物品上二種繡法同時並用。通常，隨著衣物類別的不同，刺

---

2 胡家瑜主編，《針線下的繽紛——大武壠平埔衣飾與刺繡藏品圖錄》（高雄：高雄市立歷史博物館，2014）。

3 Prown, Jules David, "The Truth of Material Culture: History of Fiction?" In Steven Lubar & W. David Kingery, (eds.), *History From Things: Essays on Material Culture* (Washington and London: Smithsonian Instifution Press, 2013), pp. 1-19. Pearce, Susan M., "Collecting Reconsidered." In *Interpreting Objects and Collections* (London: Routledge, 1994), pp. 193-204. Gell, Alfred, *Art and Agency: An Anthropological Theory* (Oxford: Clarendon, 1998). Miller, Daniel, "Why Clothing is not Superficial." In Daniel Miller (ed), *Stuff* (Cambridge: Polity Press, 2010), pp. 12-41.

繡部位和刺繡紋樣不太相同，繡法也略有差異。相較而言，十字繡是更偏好運用的繡法。

3. 披肩或腰裙的刺繡紋樣，主要採十字繡法，繡出條狀排列的細框圍繞黑布邊緣裝飾。衣服的領緣和袖口，以及腰帶和佩袋的繡紋，也以十字繡為主，有時交錯運用平針繡。頭巾兩側繡花布片上的繡紋，則常採用平針繡法搭配十字繡。

4. 過去衣飾使用的繡線很細，繡工平整緊緻、紋樣也非常繁複多變，可以看出刺繡者經年累月養成的卓越技術能力。[4]

　　除此之外，胡家瑜教授發現大武壠的刺繡紋樣具有相當獨特的元素和組成結構，而且特定形式和風格不斷重複出現。她認為若能將這一系列繡紋視為集體共享的視覺符碼，藉由衣飾藏品的觀察比較，能分析其個別元素、組合結構、形式風格和視覺效果，進而能解讀一些視覺溝通的基本訊息。[5]胡教授的整理與高雄市立歷史博物館印製發行，使得日光小林、五里埔小林、荖濃等地的大武壠人，能依照圖樣與技法做衣飾類的復振，成為重要的文化創意產品，並對其族群辨別與族群認同有所幫助。

　　又如淺井惠倫在昭和 6 年至昭和 13 年（1931-1938）之間曾到

4　胡家瑜主編，《針線下的繽紛——大武壠平埔衣飾與刺繡藏品圖錄》。
5　胡家瑜主編，《針線下的繽紛——大武壠平埔衣飾與刺繡藏品圖錄》。

甲仙、六龜、桃源等地田野調查期間,收錄多首大武壠祭祀歌謠與
歌謠單,民國 102 年〔2013〕在林清財教授的協助之下,小林夜祭
重新復唱了〈搭母洛〉(如附錄一)。大滿舞團民國 103 年〔2014〕
前往日本岩手縣山田町義演,獲得日本學者清水純教授贈送早期歌
謠檔案,之後舞團在王民亮團長的領導之下,陸續復唱了太祖祭祀
時的歌謠〈下無農〉、〈依阿達賽〉、〈巴達興〉等;最近他又從
陳漢光先生 1960 年代在小林的調查,找到了〈七年飢荒〉、〈馬干〉、
〈魚母郎〉(可能即是〈下無農〉)等歌謠曲譜,[6] 將作為未來的古
謠復振依據。此一部分請參閱王民亮在本書另一章節〈聽見大武壠
的聲音〉,將有更為詳細的介紹,此處不予贅述。

去年〔2017〕在高雄市立歷史博物館經費補助之下,筆者得以
前往日本東京外國語大學亞非研究所、大阪的國立民族學博物館、
天理大學[7]等地直接觀看大武壠文物,其中在天理大學附屬天理參考
館找到了細版型雙笏與男性蕃佛像,引起好奇,促使筆者進一步作
此二種文物解析。

從人類學的角度來看,物質文化的作用,不但反映出文化概念
或想法、建構社會關係,同時也為文化行動者提供了理解生活行動

6　陳漢光,〈高雄縣阿里關及附近平埔族宗教信仰和習慣調查〉,《臺灣文
　　獻》,14(1)〔1963〕,頁 159-172。

7　非常感謝日本國立東京外國語大學亞非研究所、大阪的國立民族學博物
　　館、天理大學附屬天理參考館提供文物參閱、檢視。尤其國立東京外國語
　　大學亞非研究所提供小川尚義與淺井惠倫文物數位檔授權使用,天理大學
　　附屬天理參考館保存臺灣眾多早期文物,免於流失,不勝感激。

的意義框架。[8] 日本天理大學附屬天理參考館將其藏品於民國 101 年（2012）出版《台湾平埔族、生活文化の記憶》[9] 一書，其中細版型雙笏收藏（實品如圖 3-1），解說標註了品名、長度、材質、收購地點，但是由何人製作？用途為何？則未詳載。尤其該物件收購地點在高雄，外觀、長度與高雄地區大武壠生活區早期的班碑相似。班碑是早期高雄大武壠地區換工組織領導者所持的神聖物，被認為「有神明」，工作不力與破壞換工班團結者，班頭能持班碑予以鞭打責罰。

對於班碑的外型與功能，高雄地區 70 歲以上的耆老並不陌生，依據訪談班碑具有以下特徵：

1. 班碑製作材質包括木材與竹子，長度約 30-40 公分左右，寬度約 5 公分，尾端上翹，底端穿孔繫上紅繩（球），表面塗上紅漆，分男班碑與女班碑；據說擺放或手持時，男、女班碑不能相碰一起；另阿里關劉姓女耆老提到曾見過祖母保存的班碑，尾端有缺口。

2. 班碑具有神靈，是班頭（領導者）持有的聖物，藉以懲罰未盡力者與破壞換工班者。因具有神靈，通常擺放在班頭家的神明桌上，或是吊掛在牆壁上；戶外工作時，則選擇適宜的

8　胡家瑜主編，《針線下的繽紛——大武壠平埔衣飾與刺繡藏品圖錄》。

9　天理大学附属天理參考館編，《台湾平埔族、生活文化の記憶》（奈良：天理大学出版部，2012），頁 67。

石頭倚靠直立。不過，耆老們未見過班碑製作過程中如何請神靈附住。

日本天理大學附設天理參考館收藏的雙笏具有上述的特徵嗎？依據現場實際測量，雙笏長者約 44.2 公分（約魯班尺的金童位置），上刻字：「請汝列位明兄弟來做工合和三年」[10]，其背面則刻有：「大正十五年五月拾七日」，推測是完成的日期。短笏約 42.5 公分（約魯班尺的財德位置），正面刻字分兩列，上半段刻地名：「高雄州旗山郡甲仙庄東大邱園○○○」[11]，下半段刻記事：「請汝列位姊妹來做工招財廣」[12]，手把位置則刻人名：「陳倧文」。[13] 長笏與短笏木製表層塗上紅漆，底端則以紅色繩結串結，既連結又分立。前述長、短笏分男、女記事，以及外型的特徵，與高雄地區大武壠後裔對班碑的口述非常接近，應該即是高雄地區大武壠生活區所稱的班碑。[14]

巧合的是，天理大學附屬天理參考館收藏的文物中，另一被註明為「男性祖神像」（蕃仔佛） 正好能做一比較。短笏（女性班碑）

10　此處明字，有可能是日月之意；兩者併在一起，也有可能因明字，而使明兄弟另有意涵。

11　○○○表示未明，可能是比東大邱園更小的地名單位。

12　這一部分有一二字模糊，依判斷還原。

13　依個資法保護個人資料，本文部分人名使用假名。

14　簡文敏，〈從天理大學收藏品雙笏初探大武壠社會的性別平權與女神信仰〉，《高雄文獻》，8（2）（2018），頁 102-118。

▲ 圖 3-1　女班碑頂端缺口

▲ 圖 3-2　六龜蕃仔佛

頂端有一缺口（如圖 3-1），而這尊木雕像在高雄六龜，同樣屬於大武壠人生活區，高 21.6 公分，正面從底部中央往上直接連結敞開的上衣，有一長約 13 公分底深頂窄的大型缺口（如圖 3-2）。這個缺口與本尊佛像頭部自然裂紋不同，缺口邊緣尚稱平整，似是有意的切割。若把短笏與此尊佛像並列比較，能更清楚呈現女性性器官的特質（如圖 3-3）。

換言之，天理參考館收藏「男性祖神像」（蕃仔佛）[15] 是否為大武壠人所有，目前尚無法證實，但很可能是女性祖神像，兩者皆屬於像狀型態的神聖物（偶像）。[16]

15　三尾裕子、豐島正之編著，《小川尚義、淺井惠倫台灣資料研究》（東京：國立東京外國語大學亞非語言文化研究所，2005），頁 68。

16　簡文敏，〈從天理大學收藏品雙笏初探大武壠社會的性別平權與女神信仰〉，頁 102-118。

這兩項文物的比較，一方面提醒相關的研究不能忽視南島語族、考古、語言學等領域的探索；另一方面單以「漢化」解釋大武壠人的文化變遷，容易忽略文化的共同性與其社會內在變遷的過程；更為重要的是，能藉由文物的物質特徵與早期生活口述的輔助，更深入了解大武壠早期生活文化重視性別平權、平等與女神信仰（也有男神信仰）的特性。

▲　圖 3-3　兩者缺口比較

以上針對大武壠衣飾、歌謠與班碑等不同性質文物遺留進行相關研究、應用，能清楚說明文物在了解大武壠文化特質、文化復振與傳承、族群辨識與認同等都能產生作用。

各博物館文物的來源，一部分來自田野調查中餽贈、收購而取得典藏，如目前國立臺灣大學人類學系、國立臺灣博物館，這類收藏大都在日治時期；中央研究院民族學研究所則是在臺灣史田野研究室時期（民國 75 年〔1986〕8 月至民國 82 年〔1993〕6 月），此一部分的文物來源通常較為清楚，能標註原擁有者姓名、地區、族群身分等。另外一部分是來自向民間的民俗收藏家（或古物商）購買，由於民俗收藏家（古物商）不熟悉文物取得時標本資料標註的重要性，以致後續研究、判別時，相當困難。第三部分是來自大武壠後裔對早期文物的重製，如目前高雄市自然史教育館收藏小林王天路先生、徐大林先生、徐吉綠先生、潘品岑女士的文物重製品或藝術創作，以及小林平埔族群文物館收藏周坤全先生、徐大林先生、徐吉綠先生的文物重製品等。這些文物雖屬重製品，但確實是早期使用的器具，能輕易追溯早期的生活樣態。

前述三個來源中，除了來自大武壠後裔親自製作的文物物件之外，前二者都有不易辨別族群的問題。其主要原因係來自大武壠常被歸為西拉雅族的一支，西拉雅、大武壠常被混淆一起，使得目前各博物館（機構）的資料不易直接判斷何者屬於大武壠者。

以目前針對大武壠文物做較為完整整理者是衣飾類，胡家瑜教授曾負責大武壠衣飾文物研究整理，針對國內各大博物館（機構）與個人做一訪查，有關大武壠衣飾文物收藏單位約如表 3-1：

大武壠　人群移動、信仰與歌謠復振

表 3-1　臺灣各館所藏有關大武壠衣飾類文物

收藏機構	文物藏品	總數	來源	入藏年代
國立臺灣大學人類學博物館	繡花披肩（1） 繡花短衣（2） 繡花頭巾（1） 繡花腰帶（6） 繡花佩袋（2） 繡花布塊（4）	16 件	土俗人種學研究室 馬淵東一、水野鶴吉	1930 年 （9 件） 1932 年 （7 件）
國立臺灣博物館	繡花披肩（3） 女子短衣（1） 繡花頭巾（1） 繡花腰帶（7） 繡花布塊（2）	14 件	臺灣總督府博物館 黃順義	1930 年 （3 件） 1945 年前 （1 件） 1986 年 （10 件）
南方俗民物質文化資料館	繡花披肩（1） 繡花短衣（1） 繡花腰帶（3） 繡花布塊（1）	6 件	黃順義	1970 年代 （6 件）
臺中市政府文化局葫蘆墩文化中心	繡花披肩（1） 繡花頭巾（1） 繡花腰帶（2） 繡花布塊（6）	10 件	黃順義	1993 年 （7 件） 1994 年 （3 件）

收藏機構	文物藏品	總數	來源	入藏年代
國立臺灣史前文化博物館	繡花披肩（5）繡花頭巾（1）繡花腰帶（4）繡樣方巾（1）	11 件	黃順義高砂藝文品社胡梅枝許朝南	1992 年（2 件）1993 年（3 件）1998 年（1 件）2004 年（4 件）2005 年（1 件）
國立自然科學博物館	繡花披肩（1）繡花腰帶（2）	3 件	黃順義黃百興	1992 年（1 件）2013 年（2 件）
國立臺灣歷史博物館	繡花披肩（1）繡花腰帶（1）繡樣方巾（2）	4 件	黃百興	2003 年（4 件）
順益台灣原住民博物館	繡花頭巾（1）繡花披肩（1）	2 件	黃順義石正佐	1992 年（1 件）2006 年（1 件）
小林平埔族群文物館[17]	繡花披肩	1 件	陳秋連	2010 年（1 件）

資料來源：胡家瑜主編，《針線下的繽紛——大武壠平埔衣飾與刺繡藏品圖錄》。

17　原表列出兩件私人收藏，但因本表為各博物館相關文物，因此把部落私人

從表 4-1 收藏來源處可知，各大博物館從黃順義、黃百興處獲得者相當多，這些相關文物常只知收藏地點（或地區），無實際來源，增加判別的困擾。

　　除了上述衣飾文物之外，臺灣各大博物館（機構）也有其他類型文物的收藏，分別簡述如下：

一、國立臺灣博物館

　　國立臺灣博物館成立於明治 41 年（1908），前身為「臺灣總督府民政部殖產局附屬博物館」（簡稱總督府博物館），是臺灣歷史最悠久的博物館，以自然史蒐藏為主要特色，開館動機與縱貫鐵路的全線開通有關。臺灣博物館 1908 年開館時的陳列品主要分為地質礦物、植物、動物、人類器用、歷史及教育資料、農業材料、林業資料、水產物、礦業資料、工藝品、貿易類等，加上其他共 12 類。這些項目大致分屬於三個範疇：自然史、工藝產業和歷史文物。

　　國立臺灣博物館收藏來源大多來自日治時期，另一則是民國 53 年（1964）從省立臺中圖書館移交，之後陸續也有收藏。該館收藏相當數量的岸裡設文物與新港文書。其中收藏巴則海族木祭板[18]的形式與大武壠班碑皆屬手持神聖物，外型類似，但工藝技術與雕刻形

收藏刪除。另原列私人收藏中陳秋連女士的物件已被小林平埔族群文物館典藏，因此改列。目前所知高雄地區有關大武壠相關衣飾文物屬私人收藏的，阿里關、大田、荖濃各有一人。

18　國立臺灣博物館數位典藏木祭板，編號:AT3260-1，所屬族群巴則海族，祭祀用。網址：http://catalog.digitalarchives.tw/item/00/2f/99/73.html。

式不同，能進一步討論與比較之用。國立臺灣博物館收藏大武壠相關文物部分集中在衣飾（14 件），其他相關文物較為缺乏。高雄市自然史教育館早期曾隸屬該館，民國 87 年（1998）舉辦高雄平埔族展時曾予借展。民國 104 年（2015）該館舉辦康熙輿圖與平埔族展時，曾邀請小林徐大林先生、徐吉綠先生前往建蓋早期屋舍。[19]

二、國立臺灣大學人類學系博物館

國立臺灣大學人類學系博物館典藏的文物主要是 1920 年代至 1960 年代初期入藏的臺灣原住民族的各種生活器用，以及在臺灣考古遺址調查發掘出土的史前器物為主。有關平埔族文物收藏主要來源有二：一是來自伊能嘉矩（1867-1925）所採集，另一是「臺北帝國大學土俗人種學研究室」所採集的文物標本。[20]與大武壠相關的文物集中在衣飾，其中弓 1 件，箭 3 件，箭筒 1 件，合計 16 件。[21]

---

19 國立臺灣博物館數位查詢網址：https://collections.culture.tw/ntm_cms/ ；數位典藏網址：https://collections.culture.tw/ntm_plan/。

20 可參見李亦園，〈記本系所藏平埔各族器用標本〉，《國立臺灣大學考古人類學刊》，3（1954），頁 51-57。李亦園，〈本系所藏平埔族衣飾標〉本，《國立臺灣大學考古人類學刊》，4（1954），頁 41-46。胡家瑜，〈伊能嘉矩的臺灣原住民族研究與物質文化收藏〉，收錄於胡家瑜、崔伊蘭主編，《臺大人類學系伊能藏品研究》，頁 37-71。（臺北：國立臺灣大學出版中心，1999）。

21 國立臺灣大學人類學系博物館數位典藏查詢網址：http://www.darc.ntu.edu.tw/newdarc/index.jsp。

三、中央研究院民族學研究所博物館

中央研究院民族學研究所博物館收藏主要作為學術研究參考，依據其公開網站標本圖文資料庫的介紹，該資料庫查詢的範圍主要包括館藏臺灣南島民族的文物、臺灣考古出土文物、漢族的民俗與宗教文物、環太平洋地區等國家之標本文物，以及部分源自於院內歷史語言研究所的中國西南少數民族文物等，合計約七千餘件。其中僅有大內頭社祭祀收藏 9 件，泰山夜祭旗幟 1 件，無大武壠相關文物典藏。不過，此處收藏有早期小林村的田野調查相片。[22]

四、中央研究院臺灣歷史研究所

中央研究院臺灣歷史研究所收藏以古文書為大宗，其中文書資料部分以民間契約文書為主，包括契字、鬮書、帳簿、執照、人身文件等民間契約文書，田地收租帳本與帳簿、郊商書信等商業資料，以及寺廟臺帳、祭祀公業、族譜、戶籍資料、訴訟文件等。圖像資料以寫真帖、家族照片、活動照片、舊明信片與地圖為主。內容主題涵蓋日治時期臺灣各地風景名勝、工程建設、官方建築、原住民生活、傳染病與衛生教育、經濟與產業活動等。其中收藏平埔族古文書計有 1,092 件，屬於大武壠者有 5 件，包括芒仔芒社 3 件，大

22　中央研究院民族學研究所博物館數位典藏網址：http://ianthro.ioe.sinica. edu.tw/ 博物館藏品搜尋 /；數位典藏網址：http://ianthro.ioe.sinica.edu.tw// 小林村田野照片 /。

武壠 1 件，頭社 1 件。因族群別區辨較為清楚，參考性較佳。[23]

五、國立自然科學博物館

國立自然科學博物館收藏以考古類為大宗，目前收藏有關平埔族文物總計約有 13 件，其中從黃百興、黃順義購得大武壠衣飾計 3 件。此外另有衣飾 3 件，信仰習俗 2 件，生活用具 1 件，生產工具 1 件，其所屬族群別尚不明。

六、國立臺灣史前文化博物館

國立臺灣史前文化博物館（國立臺東史前文化博物館）文物收藏與研究分為自然史、考古學、民族學三大部門。其中民族學標本近四千件，只是大部分的蒐藏來自民間收藏家（古物商），標本資料常不齊全，尚待進一步研究。其中屬於西拉雅者衣飾類 37 件，生活用具類 15 件，生產工具類 10 件，合計 62 件。不過標本族群別標示西拉雅者包括西拉雅、大武壠與馬卡道，如果從收藏地點來看，屬於甲仙者有 40 件，這些可能都屬大武壠系統者。

23　中央研究院臺灣歷史研究所臺灣史檔案資源系統：http://tais.ith.sinica.edu.tw/sinicafrsFront/index.jsp。

七、高雄市自然史教育館

高雄市自然史教育館原隸屬省立臺灣博物館分館，現改隸教育部社會教育司，由國立自然科學博物館負責輔導。該館設立在高苑科技大學校內，設館目地即以高雄地區人類學收藏與展示教育為主，分為綜合展示館、漢人館、平埔族館與高雄地區原住民（布農族、拉阿魯阿族、卡那卡那富族、魯凱族）館，其中平埔族館開館時（民國87年〔1998〕）以小林王天路先生生活與生產用具33件，包括竹造公廨。民國98年（2009）莫拉克風災後再請徐大林先生、徐吉綠先生重造公廨，並收藏潘品岑小姐大武壠服飾創作1件。高雄市自然史教育館歷年累積小林、阿里關、荖濃等地太祖祭祀與生活的訪談影帶（大部分由簡文敏拍攝）。小林平埔族群文物館成立之後，有關小林太祖祭祀與相關影帶已複製轉贈。民國98年（2009）莫拉克風災之後，該館並協助早期文物重製與支持小林大滿舞團巡迴展演。

八、小林平埔族群文物館

小林平埔族群文物館是民國98年（2009）莫拉克風災之後在五里埔重建基地建立，依「展示資源調查與展示物件徵集計畫」，所得展品及資料合計如下：

1. 照片：1,200張，其中小林相關的內容達500多張，內容大致分類為小林生活集錦、傳統信仰、小林老照片、甲仙形象商圈老照片等。

2. 影片：概分三大部分為 a. 徐耀健：大鼓陣、小林夜祭和小林村生活等 7 大單元合計約 12 小時；b. 重建工作影像：有關災後各項重建工作的內容，合計 20 卷約 20 小時；c. 簡文敏：小林夜祭、阿里關夜祭、平埔生活及重要事件訪談紀錄等合計 80 卷約 80 小時。

3. 器物：總數合計 227 件，其中有同品多件的情形，主要器用類形為早期文件（如：營業證、小林小學作業簿、60 年代山林文學出版品等）、早期器物（披仔、木雕人像及動物像、網袋等）及災後重建物件（災變至今的文書與物品）。

　　這批收藏的文物資料先後由樹德科技大學、高雄市立歷史博物館委託民間專業公司展出設計使用。

第三節　日本博物館（機構）典藏

　　日本收藏有關大武壠族文物資料的博物館（機構）有國立東京外國語大學亞非語言文化研究所、國立民族學博物館、天理大學附屬天理參考館等，以下分別說明如下。

一、國立東京外國語大學亞非研究所

　　國立東京外國語大學亞非語言文化研究所（簡稱「AA 研」）所藏有關臺灣平埔族的資料，主要是語言學家小川尚義（1869-1947）與淺井惠倫（1895-1969）於 1930 至 40 年代在臺灣調查所得或是蒐藏的語言學資料，手稿，照片，無聲影片等。有關臺灣資料資料已經整理成目錄──《小川尚義、淺井惠倫台灣資料研究》。[24]

　　依據國立東京外國語大學亞非語言文化研究所的小川尚義、淺井惠倫臺灣文庫資料（以下簡稱臺灣資料庫）的目錄分類，將所有資料分成以下五大類型：

1. 畫像資料：影片檔 DVD 一片，無聲黑白動畫 18 段，總長度 63 分鐘 57 秒。

2. 音源資料：音聲檔 CD 八片，總長度：6 小時 57 分 55 秒，

24　三尾裕子、豐島正之編著，《小川尚義、淺井惠倫台灣資料研究》（東京：國立東京外國語大學亞非語言文化研究所，2005）。

255 段歌謠。

3. 寫真資料：相片檔 jpg，寫真相片共有 2,237 張。

4. 文書資料：OA 文書 334 筆，數千頁大小不等的田野筆記、抄本以及文書、圖繪。

5. 其他資料：淺井惠倫的私人資料十多箱未整理，含證件、文書、文具……等。

上述的資料中有關大武壠的語言、信仰田野筆記、歌謠等相當豐富。鑒於這些資料對於文化復振與研究的重要性，民國 106 年（2017）高雄市立歷史博物館楊仙妃館長已親臨拜訪國立東京外國語大學亞非研究所，並簽訂館內查詢使用，換言之，上述資料的數位檔幾乎已全收入高雄市立歷史博物館典藏。由於這些資料多且繁雜，仍待更多的研究與釐清，本章第二節已部分使用了傳說與照片數幅，此處不再贅述，不過因歌謠影響文化復振相當大，仍從《小川尚義、淺井惠倫台灣資料研究》書中收錄有關歌謠的收藏編號與相關內容如本書附錄二。

二、國立民族學博物館

日本國立民族學博物館收藏平埔族群文物總計 83 件，屬於西拉雅的部分計有衣服 1 件，信仰習俗 1 件。其他族群別不詳者占 52 件，

比率甚高。民國 106 年（2017）筆者曾進入館內查看這些收藏，與大武壠關係似乎不高。此外，圖書館收藏有馬淵東一在花東地區的田野調查筆記，內容包括花蓮大庄、富里、臺東等地大武壠的遷徙傳說與祭祀，值得參考。

三、天理大學附屬天理參考館

　　天理大學附屬天理參考館收藏日本民族學資料之外，國外蒐集範圍包括有：朝鮮半島、中國、臺灣、東南亞、美拉尼西亞、密克羅尼西亞、玻里尼西亞（南島）、澳洲、南亞、中亞、北亞、西亞、非洲、美洲、歐洲等地域，數量約有三萬餘件。其中平埔族文物計 308 件，屬於西拉雅（含大武壠、馬卡道）衣飾類 127 件，生活用具 6 件，生產工具 2 件，樂器 1 件。樂器是來自六龜的口簧琴，另前述提到的細板型雙笒、番太祖神屏、男性祖神像（蕃仔佛）等可能都屬大武壠族，甚為珍貴。有關平埔族群的文物，館方已整理出版《台湾平埔族、生活文化の記憶》，能提供參考。唯仍有族群別不易區辨的問題。從文物保存與收藏的重要性來看，該館幫忙典藏眾多臺灣早期文物，著有貢獻。

小結

　　本章針對大武壠目前留存的文物，一方面介紹文物被研究與使用的情形，另一方面簡要介紹大武壠文物在臺灣與日本各博物館、機構典藏的情形。從目前被收藏的數量與內容，能了解清末至日治時期生活的概況與物質文化特色，是相當難得的文物典藏。只是典藏機構分散，許多文物缺乏標本基本資料，族群判別困難。基於文化傳承與保存的需要，亟需召集更多有興趣者研究、出版。

第四章

聽見大武壠的聲音

王民亮

從來沒有想過有一天會返鄉工作，更沒有想到會投入古謠復振，一開始連自己是誰都不知道，透過古謠復振與傳唱，慢慢認識自己是誰，也告訴別人我們是誰，現在可以很大聲的說：「**我是大武壠族，是太祖的孩子，我更以大滿舞團為驕傲。**」

第一節　大滿舞團成立

記得小時候在村子裡活動慶典時，常看到媽媽們載歌載舞跳著原住民舞蹈，好不熱鬧，那歡樂的場景成為大家兒時美好的回憶。直到颱風帶走了我們的村莊，很多村民離開了。我們在五里埔與杉林重建了永久屋，在各界的支持鼓勵下，我們成立了「大滿舞團」，目的是要重現以前在故鄉歡樂的場景，也要將小林村「愛」的故事，藉由舞蹈和歌唱，傳頌到曾經幫助我們的每個角落。

「大滿舞團」是取自原小林公廨「**大滿族公廨**」匾額而命名之，也是為了紀念當時的小林公廨，團員由小林村民組成，當中年齡最大的有 71 歲的阿伯，也有年齡最小 5 歲的弟弟妹妹，大家都在為小林村盡一份心力努力著，過程中舞團想要表達的除了文化傳承外，也要答謝曾經幫助過我們朋友，感恩一路來的支持與陪伴。剛開始在演出時，團員常常邊唱邊流淚掉下眼淚，團員知道這不是為自己而跳，而是為往生的族人而跳、為祖靈而跳、為還在身邊的所有家人而跳。即使現在小林村分隔三地，但只要快樂的聚在一起唱歌跳舞，大家的心只會更緊密，不會因距離而改變。

這幾年舞團參與過許多大大小小場的演出，也曾去過日本、馬來西亞、韓國釜山及水原市表演，民國 106 年（2017）12 月 8 日在高雄市文化中心至善廳舉辦售票大型公演，民國 108 年（2019）9 年 1 月 5 日將在臺中國家歌劇院售票公演。村民很努力的學習古調與跳舞，積極的為部落生計打拚。我們要讓外界知道，小林村一直都在，就在每一位小林人的心中，一直不變。

▲ 圖 4-1　2019 臺中國家歌劇院售票公演海報

常常，團練後大家會坐下來聊聊心裡的事。有一次我問了大家一個問題，為什麼你會想一直待在團裡？「**每次，只要隔天我們要演出，媽媽就會來我夢裡，牽著我的手一起跳舞，所以我要繼續完成媽媽的願望。**」團員慧珍說。

每次表演前，團員們都會禱告，為彼此加油，也讓心神安定下來。大滿舞團沒有受過任何專業的舞蹈、唱歌的訓練，因此剛開始表演時，常顯得沒有自信。尤其同臺演出的團體都是專業的原住民舞團。

因為一場風災而成立的舞團，這幾年走下來，在心理素質的層面格外辛苦，往往唱著唱著，眼淚就奪眶而出。沈哥（沈文程）在風災隔年為村民寫了一首〈小林之歌〉，剛開始那幾年是鮮少傳唱的，因為親人的臉都在裡面。舞團成立後，團員開始唱這首傷感的歌，一邊唱一邊流眼淚，也帶著村民去面對那段記憶。即使到了現在唱了還是會哭，但歌聲中已多了許多勇氣。

大滿舞團成立至今，改變了一群人的命運，也改變了部落中那份巨大的哀傷。透過許多的演出機會，讓外界知道原來小林村還在。我們帶著祖先的歌謠飄洋過海到國外傳唱，甚至要開第二場售票音樂會了。曾經讓人以為只是一團社區媽媽舞蹈團的這個舞團，的確走出一條不一樣的路了。

為什麼想錄製古謠專輯？而且接連著已經出到第三張。我記得到外地念國中時總被班上同學笑說：你是不是原住民？當時的小林村民的確對於自己的族群身分很模糊，每當外界問同樣的問題時，大家都是否認的。直到了風災帶走了整個村子，一夕之間似乎全都被摧毀了。幸得高苑科大簡文敏教授的大力協助，告訴村民說，你們是「正平埔番」，歷史文獻上都有你們祖先的記載，千萬不能忘記你們是誰。於是，我們終於知道，我們族群的血脈傳承一直延續著，我們拜太祖信仰、我們的名字叫做「大武壠」。這是一件很驕傲的事。

不管學者們的眾說紛紜，我們很堅定的知道，我們是誰。

於是，我們開始尋找記憶中的祖先文化。做田調、找文獻資料、甚至飛到了日本拜訪人類學學者（清水純教授）找到了古老錄音檔（1930 年代由淺井惠倫錄製），終於讓一首又一首消失的古調又回到了小林部落。用母語唱出的古謠，沒有人知道歌詞的意思，於是我們用耳機仔細的聆聽，一個字一個字的用拼音寫下來。這是我們部落學習古謠的方式。很陽春的方法，卻很深刻。

　　即將滿十年了，這群太祖的孩子依然努力過生活，面對人生困境的磨練，小林人總是笑笑說，都過去了。「現在」才最重要。是呀，人不能停止步伐，我們已經醞釀最強的勇氣，正努力一步一步的向前。就像是我們給自己的目標期許，莫拉克十週年要回家跳舞。

　　不管我們未來會去哪裡，小林。永遠是「家」。

　　走過這些日子
　　從未忘記回家的路
　　如今族人將帶著祝福
　　一起回家跳舞

▼　圖 4-2　大滿舞團首次在正式舞臺演出

在一次偶然的機會下，我看見了原住民歌舞，非常的歡樂，於是心裏面就想說，我們也是原住民啊，是不是也可以把大家召集起來，一起唱歌跳舞。我找了村子裏唯一學過原住民舞蹈的家樺、我的表弟銘駿、文化學者簡文敏教授，就這樣我們開始聊起舞團的種種。最初只是單純希望村民走出家門，到活動中心來，一起唱歌跳舞，因為當時的時空背景，讓許多村民總是待在家裡看電視，我心想，也許歌舞會是一個方法。然而，一開始因為不懂自身文化，便跳起了阿美族的舞蹈與流行的原住民舞蹈，但表演了二次後，開始自覺到，好像沒有人要看我們跳阿美族舞蹈，而且我們也沒有跳比阿美族好，有誰會邀請我們跳阿美族的舞蹈呢？於是，我們就開始找尋大武壠族的文化，大概有四個月的時間，我們沒有接任何的演出，專心的準備屬於大武壠族的文化展演。

還記得第一次登臺演出前的 5 分鐘，原本我是要到後臺提醒團員準備上臺，當我走到後臺的那一刻，我愣一下，大家怎麼了？ 為何都哭了？ 我不知道該如何安慰大家，因為我也慌了，但還是要上臺演出，於是我先請團員把眼淚擦乾後，一樣照常演出。此時，我也開始思考，這真的是族人所期待的嗎？ 演出結束後，我詢問了其中一位團員，為何演出前會想哭呢？ 一位 12 歲的團員說：「**因為我的阿公有來看我演出**」，當時的我，完全沒有想到會這樣，原來團員會因為思念家人而在演出前落淚，原來是往生的家人給她力量，原來團員們是為了家人而跳，這些種種都不是我預料到的，但

我卻完全能夠體會，因為我也在跟他們走著同一條道路上，我們都要「回家跳舞」，我們是一支用眼淚跳舞的舞團。

　　漸漸的，舞團開始到許多地方演出，演出時，團員們偶爾會觸景傷情，而我總是會鼓勵著大家，這條路雖然辛苦，但我們可以一起面對，相互扶持，直到有一天我們不再哭泣，將悲傷轉化成力量，感動別人也幫助更多的人，這才是我們為了往生的家人而做的。於是我們開始展開名為「感恩之旅」的旅程，感恩所有曾經幫助過我們的人，隔年我們也發願要自己存錢到日本義演，與同樣受災的日本交流，希望我們的故事，可以鼓舞與幫助他們。

　　兩年後，我們決定回到小林夜祭，為我們的祖靈信仰「太祖」而跳，就叫做「回家吧！與太祖牽戲。」我們以傳統文化中的「開向」與「禁向」為主軸，描述一年之中族人所參與的節慶與習俗，編成了一齣族人與太祖關係的歌舞展演，團員們為了這個演出長達90分鐘的演出，開始投入耆老訪談與採集。或許一開始的經驗不足，但族人卻非常投入，也把此次演出視為三個村子的大事，所以演出中更加入了「原鄉小林——大鼓陣」、「小愛小林——牛犁陣」、「日光小林——大滿舞團」、「小林國小」，動員近百位的村民，完成屬於小林大武壠族的演出。而今天若沒有信仰，根本無法完成這樣的演出，於是漸漸的我們與信仰「太祖」之間，開始了我們的故事與約定。

很多人會問舞團，為何大家會這麼堅持，沒有人想到我們可以走過七個年頭，我們既不是專業舞團，也不是商業舞團──我們都會回答說，就因為我們失去了太多，所以我們必須趕快將文化找回來。而支持我們繼續走下去的，除了當初因為風災往生的親人外，其實就是我們的祖靈信仰「太祖」。舞團在每次的演出前，一定會向當初往生的親人與太祖祈求，希望表演一切平安順利，並邀請親人與太祖到現場觀賞我們的演出，也請給我們勇氣與力量，共同完成屬於我們的演出。

因為完成了為太祖而跳的演出「回家吧！與太祖牽戲。」開始受到了關注，緊接著，我們就展開了巡迴演出。民國 103 年（2014）3 月，我們展開高雄市十所小學巡迴演出，到校園跟孩子們介紹大武壠族的文化，以及重生的故事。同年 7 月 17 日，舞團自費到日本 311 災區義演，我們將這三年的表演費存起來，發願要做一件有意義的事，就這樣到了日本義演，回國後，我們也到小林原址與公廨，告訴我們的家人與太祖，我們為他們做了一件有意義的事，希望他們可以放心。這是一趟認同自己與尋找生命價值與意義的旅程，我們透過文化復振，重新認識自己，我們透過藝術，做心靈療癒，慢慢的，大家找到了人生方向，知道為何而唱，為誰而跳。

當我們完成出國義演後，原本以為應該就會很順利的往下走，但卻不是這麼一回事，我發現團員因為要籌足旅費，長期密集的訓練與演出，已經出現疲態，大家就像消了氣的汽球，突然沒有了目標與動力。於是，我開始思考，舞團是不是應該轉型了？剛好到日

本演出時，由簡文敏教授引薦，我跟日本清水純教授碰面，請教有關大武壠族古謠的收集。回國後，透過簡文敏教授的協助，也順利申請到 1930 年代大武壠族古謠的錄音檔，就這樣開啟了古謠復振之路。一開始並不順利，因為族人跟我說：「我都沒有聽過這些歌，我學不起來。」但我並沒有放棄，我就一直跟團員解釋：「這些古謠是我從日本申請的，很確定是大武壠族人所留下來的，先不管我們是否知不知道歌詞涵義，但我們可以一邊學習一邊請教部落耆老，總有真相大白的一天，我們一定要這樣相信著，一場災難讓我們文化一夕之間消失，若我們不爭取時間，趕快把文化找回來，有一天我們一定會後悔的。」

於是我們開始一個字一個字唱起了自己的古謠，慢慢認同自己的古謠。但若只有一直重複練習，大家的熱情也會慢慢減少，所以我開始安排演出機會，讓族人有機會唱歌給更多人聽，培養大家的自信，最後我詢問團員，想不想將自己的聲音記錄下來？大家都非常開心的表示認同。所以大家便開始努力練習，我也叮嚀團員，這將會是大滿舞團的第一張專輯，而且會留給後代，大家一定要努力完成。

經過大家的討論後，我們將這張專輯取名為《歡喜來牽戲》。並在民國 104 年（2015）12 月 12 日於高雄市立歷史博物館辦理專輯發表會，展現古謠復振之成果，當天邀請小林國小的孩子，擔任古謠吟唱演出。舞團成立隔年，我們就已受邀到小林國小教導孩子傳統歌舞——因為我們深信，如果從小扎根，等孩子大了，一定會有開花結果的一天，回到小林夜祭擔任重要的工作。

　　專輯發行後，我們展開了取自專輯名稱的「歡喜來牽戲巡迴演出」，針對高雄市文化景點與社區進行一系列的展演。我們到了「林園區‧頂林仔邊警察官吏派出所」、「前鎮區‧竹西里社區活動中心」、「打狗英國領事館」、「六龜區‧荖濃平埔公廨」、「鼓山區‧高雄武德殿振武館」，讓更多人可以有機會接觸到大武壠族文化。同一年，高雄市政府邀請舞團參與全國最大環境劇場「見城」演出，我們代表劇中平埔原住民的角色，演繹大武壠族的「立向竹」儀式，並吟唱大武壠族古謠，讓全國的觀眾可以到現場觀賞或透過直播平臺觀賞演出——這對族人有莫大的鼓勵作用，也增加舞團在國內的能見度。同年底，舞團舉辦了首次索票演出，場地是在臺北西門河岸留言「牽戲　牽繫　巡迴音樂會」，這場演出是為了首次售票演出做準備，表演內容以古謠吟唱為主。

　　這一年來，舞團到過許多地方演出，我們適度的到外地展演，讓舞團正常運作，如今舞團的演出漸漸穩定，大家開始以舞團與古謠感到驕傲。就在這個時候，我們首次受邀到「馬來西亞雪蘭莪原住民節」演出，與當地的原住民交流，讓族人分享自身的文化特色。我們發現同為南島民族的當地原住民，有著跟大武壠族相似之處，這讓我們的族人，更加認同自己的原住民身分，這應該是此行最重要的收穫。

▲ 圖 4-3　2018 年 10 月在韓國水原華城行宮演出

之後我們陸續受邀到韓國參加「釜山藝術節」與「水原華城文化節」演出，除了表演大武壠族的傳統舞蹈與古謠外，在「水原華城文化節」遊行演出中，加入了在小林有百年歷史的傳統陣頭「大鼓陣」，這是族人與多元文化的火花，且族人賦予新的生命並融入生活，成為大武壠族文化的一部分。百年傳統陣頭遇上世界文化遺產「華城行宮」，讓國際看到大武壠族的存在，展現族人對於多元文化之包容性。

　　民國 106 年（2017）12 月 8 日，我們在高雄市文化中心至善廳，舉辦了六年來首次的售票演出，將這些年來的累積，完整的在舞臺上呈現。從場地、日期、售票、劇本、舞臺……等，都由團員親自處理──在沒有足夠經費聘請導演的情況下，團長只能充當導演，因為沒有人比團長更了解表演者與演出內容。就這樣一步一步完成首次售票演出。當中最辛苦的，就是族人了──大家不斷的練習，就只是希望讓更多人能認識大武壠族的文化，政府可以多一點的重視，也希望觀賞我們演出的觀眾，可以重新看待生命的價值意義。

▲ 圖 4-4　大滿舞團首場售票演出〈老溪嬤〉

▲ 圖 4-5　大滿舞團首場售票演出〈披簑仔〉（傳統生活舞蹈）

▲ 圖 4-6　大滿舞團首場售票演出〈依阿達賽〉（大武壠族古謠）

　　最後，對於即將到來的莫拉克十週年，團員很認真的討論著，該如何迎接這特別的一年？幾次的討論後，團員決定要展開「回家跳舞」莫拉克十週年全國巡迴演出，帶著大武壠族的古謠、舞蹈、重建故事、傳統陣頭、小林國小，一起到臺灣各地巡迴，讓更多人可以直接接觸大武壠族文化。而民國 108 年（2019）8 月 8 日，我們將回到小林原址，舉辦「回家　跳舞」音樂會，帶著這幾年的成果，在當天表演給當時往生的家人欣賞，告訴他們要放心，我們會繼續完成他們的心願。

第三節　找回消失的古謠

曲目	曲目一
曲名	搭母洛
內容	大武壠古謠
介紹	請太祖您來，稟報太祖要開向了。 族人跟太祖分享著在公廨與生活上的事物，請太祖與族人一起喝酒，祭典結束後，請大家安靜的走路回家。

搭母洛

男生唱一句，女生重複唱一句

搭母洛－－　搭母洛－－哥搭母　洛－－　打伊喜　那－磨那磨
Ta bo lo___　ta bo lo___　ko ta bo　lo___　Ta-i si　na__ mo na mo

搭母洛－－　搭母洛－－哥搭母　洛－－　伊喜那　木－喜屋眼
Ta bo lo___　ta bo lo___　ko ta bo　lo___　I si na　mu__ si u gan

搭母洛－－　搭母洛－－哥搭母　洛－－　屋奶阿　立－枝卡油
Ta bo lo___　ta bo lo___　ko ta bo　lo___　U nai a　li__ ki ka iu

曲目	曲目二
曲名	喔依嘿
內容	大武壠古謠
介紹	小林夜祭時，族人稟報太祖，帶了哪些祭品，一一將祭品用吟唱稟報，主要是族人與太祖之間的關係。

喔依嘿

1. 喔 依 嘿 — 拉攏馬夯路 — 喔 依 嘿 — — —
   o   i hei   la long mahunru   o   i hei

拉 攏 待 邦 雅 — 喔 依 嘿 — — —
la long tai pong nga   o   i hei

2. 喔依嘿　哈呼馬夯路喔 依嘿 (苧麻帶)　　哈呼待邦雅喔 依嘿
   o i hei hahu mahanru o i hei   hahu taiponga o   i hei

3. 喔依嘿　哈娜馬夯路喔 依嘿 (花)　　哈娜待邦雅喔 依嘿
   o i hei hana mahanru o i hei   hana taiponga o   i hei

4. 喔依嘿　一沙蜜祭馬夯路喔 依嘿　　沙蜜祭待邦雅喔 依嘿
   o i hei i samikimahanru o i hei   samiki taiponga o   i hei

5. 喔依嘿　一嚕咕馬夯路喔 依嘿 (米買)　　嚕咕待邦雅喔 依嘿
   o i hei i luku mahanru o i hei   luku taiponga o   i hei

6. 喔依嘿　阿嘎嘎馬夯路喔 依嘿 (紅布)　　阿嘎嘎待邦嘎喔 依嘿
   o i hei ahagang mahanru o i hei   ahagang taiponga o   i hei

7. 喔依嘿　一搭孃姑馬夯路喔 依嘿 (香菸)　　搭孃姑待邦嘎 依嘿
   o i hei i tamaku mahanru o i hei   tamaku taiponga o   i hei

8. 喔依嘿　麻v馬夯路喔 依嘿 (豬肉)　　麻v待邦嘎喔 依嘿
   o i hei babuy mahanru o i hei   babuy taiponga o   i hei

9. 喔依嘿　搭姑卡馬夯路喔 依嘿 (雞肉)　　搭姑卡待邦雅喔 依嘿
   o i hei takuka mahanru o i hei   takuka taiponga o   i hei

10. 喔依嘿　麻布里馬夯路喔 依嘿 (白布)　　麻布里待邦嘎喔 依嘿
    o i hei mapuli mahanru o i hei   mapuli taiponga o   i hei

曲目	曲目三
曲名	加拉瓦兮
內容	大武壠古謠
介紹	小林傳統信仰分別在農曆三月十五日舉行「禁向」，九月十五日舉行「開向」，為出公廨後牽戲時唱的古謠。 在公廨前的廣場，族人牽手踩著傳統四步舞，共同吟唱。 老人家也說：這是一首族人與太祖牽手跳舞的歌謠。

加拉瓦兮

Rubato

1. 蚵阿 嘿　　媽尼 ㄟ － ㄟ 馬夯路 －
   ə a hei　　ma ni ai　　ai mahanru

   ㄟ　　ㄟ 嘎烈－蚵阿喔阿 嘿－－－－
   ai　　ai ka la ə a o a hei

2. 蚵阿嘿　搭拉洛媽ㄟ　ㄟ搭拉洛媽ㄟ　嘎烈蚵阿嘿
   ə a hei　ta la lo ma ai　ai ta la lo ma ai　ka la-a ə a hei

3. 蚵阿嘿　搭媽固ㄟ　ㄟ搭媽固ㄟ　嘎烈蚵阿嘿
   ə a hei　ta ma ku ai　ai ta ma ku ai　ka la-a ə a hei

4. 蚵阿嘿　沙米吱ㄟ　ㄟ沙米吱ㄟ　嘎烈蚵阿嘿
   ə a hei　samiki ai　ai samiki ai　ka la-a ə a hei

5. 蚵阿嘿　拉龍ㄟ　ㄟ拉龍ㄟ　嘎烈蚵阿嘿
   ə a hei　la long ai　ai la long ai　ka la-a ə a hei

6. 蚵阿嘿　馬蓋伊ㄟ　ㄟ馬蓋伊ㄟ　嘎烈蚵阿嘿
   ə a hei　ma ka i ai　ai ma ka i ai　ka la-a ə a hei

7. 蚵阿嘿　幾衣路ㄟ　ㄟ幾衣路ㄟ　嘎烈蚵阿嘿
   ə a hei　tsi i lu ai　ai tsi i lu ai　ka la-a ə a hei

8. 蚵阿嘿　寇豆尚ㄟ　ㄟ沙伊吱ㄟ　嘎烈蚵阿嘿
   ə a hei　ko do hsiong ai　ai sai ki ai　ka la-a ə a hei

9. 蚵阿嘿　寇那馬油吱ㄟ　ㄟ寇那馬油吱ㄟ　嘎烈蚵阿嘿
   ə a hei　ko na ma yu ki ai　ai ko na ma yu ki ai　ka la-a ə a hei

10. 蚵阿嘿　優那寇ㄟ　ㄟ優那寇ㄟ　嘎烈蚵阿嘿
    ə a hei　yo na ko ai　ai yo na ko ai　ka la-a ə a hei

11. 蚵阿嘿　幾那伊吱ㄟ　ㄟ幾那伊吱ㄟ　嘎烈蚵阿嘿
    ə a hei　tsi na i ki ai　ai tsi na i ki ai　ka la-a ə a hei

12. 蚵阿嘿　寇那庫ㄟ　ㄟ寇那庫ㄟ　嘎烈蚵阿嘿
    ə a hei　ko na ku ai　ai ko na ku ai　ka la- a ə a hei

曲目	曲目四
曲名	依阿達賽
內容	大武壠古謠
介紹	小林夜祭開向後，表示禁忌解除，男女於公廨外快樂唱歌跳舞，並藉此認識對方與互動，展現歡樂的場景與氣氛。此歌謠為男生領唱，女生跟唱，為男女互動對唱曲之一。

3. 依阿達賽　嗚哇哥囉哥囉　嗚哇哥囉哥囉　溫囉黑貝囉黑　打賽囉米甲賽
　 i ata sai uwa koloko uwa koloko unlohe pelohe tasailo mikasai

4. 依阿達賽　哥囉哥囉溫　哥囉哥囉溫　喲囉黑貝囉黑　打賽囉米甲賽
　 i ata sai kolokolo-un kolokolo-un yolohepelohe tasailo mikasai

5. 依阿達賽　依嘎馬拉依　依嘎馬拉依　拉爸囉貝囉黑　打賽囉米甲賽
　 i ata sai i kamalai i kalamai lapalo pelohe tasailo mikasai

6. 依阿達賽　媽媽那阿立告　媽媽那阿立告　拉爸囉貝囉黑　打賽囉米甲賽
　 i ata sai mamana alikau mamana alikau lapalo pelohe tasailo mikasai

曲目	曲目五
曲名	水金
內容	大武壠古謠
介紹	大武壠族人平常所唱的「喝酒歌」，過去演唱〈水金〉時，是由每位參與的族人輪流主唱，其他族人一起合腔，主要描述當時周遭的場景，比如：形容竹子上停了一隻斑鳩、石刀切鳳梨、在一起享用豬肉等。

水金

曲目	曲目六
曲名	老溪孆
內容	大武壠古謠
介紹	當時族人居住山上時，有客家人搬到部落裏居住，並經營在地事業，而族人就為客家人所聘僱，久而久之，就衍生出形容當時情景的歌謠。 老人家這麼說的：那是當時形容客家人很愛碎唸我們的意思。

老溪孆

1) 老溪孆 哈~ 羅羅耐　　A 溫A 嘿 老 ～ 老溪孆 呼
2) 老溪孆 哈~ 枝依沙 阿 枝阿母 lo　　lo khe ma hoo

老 溪 孆 哈 ～ 呼 老 溪 孆
lo　khe　ma　ha　～　hoo　lo　khe　ma

3. 老溪孆 哈~ 笨拿卡K 羅阿累
　lo khe ma ha　pen na k'a ke lo a lei

4. 老溪孆 哈~ 嗯拉利 達拉爹婆
　lo khe ma ha　en la li　ta la te po

5. 老溪孆 哈~ 枝依沙阿枝阿母
　lo khe ma ha　ki i sha a ki a bu

6. 老溪孆 哈~ 嘿無攦阿拉枝達
　lo khe ma ha　he bo long a la ki ta

7. 老溪孆 哈~ 孆卡孆多孆乎安
　lo khe ma ha　ma k'a mato ma hoo an

8. 老溪孆 哈~ 孆卡孆阿孆卡爹
　lo khe ma ha　ma k'a ma a ma k'a te

9. 老溪孆 哈~ 枝依沙阿枝阿母
　lo khe ma ha　ki i sha a ki a bu

10. 老溪孆 哈~ 嘿無攦立拉枝達
　lo khe ma ha　hik bo long la la ki ta

11. 老溪孆 哈~ 枝依沙阿枝阿好
　lo khe ma ha　ki i sha a ki a ho

12. 老溪孆 哈~ 神刀 阿爹枝阿好
　lo khe ma ha　sin to a te ki a ho

13. 老溪孆 哈~ 羅羅耐 A溫A 好
　lo khe ma ha　lo lo nei　a wen a ho

曲目	曲目七
曲名	巴達興
內容	大武壠古謠
介紹	意指部落用跑步方式選出部落勇士，並擔任祭典時重要工作，女性若對勇士有好感，則可獻上親自手繡的繡花布，並對唱歌謠。

巴達興

曲目	曲目八
曲名	幫工戲
內容	大武壠古謠
介紹	每當完成「幫工」農事，當晚這家主人便會宴請所有幫工，並請工頭召集大家一起來唱〈幫工戲〉。 歌詞大意是「工作做完了，大家一起來飲酒、唱歌、跳舞吧！」

幫工戲

2. 阿依阿那黑 依阿 依那～阿
　 a-i-a-na-he i-a i-na a
　 喔哇嗨 喔哇嗨筍 喔哇那那 阿依阿那黑依阿依
　 owahai owahaiko kowanana a-i-a-na-he-i-a-i

3. 阿喔哇爹依擔 阿達阿 拉那～阿
　 a-o-wa te-i-ta a-ta la-na a
　 喔哇嗨 喔哇嗨筍 喔哇那那 阿依阿那黑依阿依
　 owahai owahaiko kowanana a-i-a-na-he-i-a-i

4. 阿杯阿禮依給 依爹依呀～那
　 a-pue a-le i-ke i-te-i-ia na
　 喔哇嗨 喔哇嗨筍 喔哇那那 阿依阿那黑依阿依
　 owahai owahaiko kowanana a-i-a-na-he-i-a-i

5. 阿杯阿禮依給 依爹依呀～那
　 a-pue a-le i-ke i-te-i-ia na
　 喔哇嗨 喔哇嗨筍 喔哇那那 阿依阿那黑依阿依
　 owahai owahaiko kowanana a-i-a-na-he-i-a-i

曲目	曲目九
曲名	跳舞歌
內容	大武壠古謠
介紹	族人聚在一起飲酒作樂時，高興時所唱的一首歌，老人家說，最後還會站起來一起跳舞，所以大家都說這首歌叫做〈跳舞歌〉。

跳舞歌

阿　一依　阿－－－那阿　那　　依阿ㄟ那　阿依阿那　依
a　i　a　　　na a　na　　　ia ai na　ai a na　i

阿ㄟ那阿阿　一依　阿　一那　阿　一依一吼　依
a ai na a　a　i　a　na　a　i　ho　i

曲目	曲目十（特別收錄）
曲名	小林之歌
內容	創作曲
介紹	民國 98 年（2009）莫拉克風災後第二年，知名歌手沈文程拜訪了當時的小林村組合屋，有感而發寫了一首形容當時心情的創作曲，贈送給小林村，而村民也開始學習這首創作曲，每當村民唱到部分歌詞時，仍會因思念家人，而落下眼淚，所以這是一首陪伴村民走過悲傷的歌，完全能表達出小林村民當時的心情。

小林之歌

特別收錄
作 曲：沈文程
填 詞：許永財、沈文程
編 曲：工藤仁志
演 唱：郭萬蔚、劉麗玉、大合唱

我們的故鄉　我們的家
不知到底　在何處
好幾次　我夢中驚醒
一直在我的腦海

永遠記得這條路
有我們的腳步
不知經過　多少的風雨
看過多少的日落
田園是越離越遠
我還是不能忘記
小林　是我的故鄉

我的親人和朋友
不知道　現在過得好不好
不知道　我在想你們
一直在　我的心裡面
常常想起那時候
你跟我的約定
如今只有孤單陪伴我
從早上　到下午
還是那麼清楚
你為我在煩惱
你是我懷念的人
也是我　最愛的人

曲目	曲目十一（特別收錄）
曲名	歡喜來牽戲
內容	創作曲
介紹	重建多年後，民國 104 年（2015）12 月我們發表了這首創作曲，當時由民謠歌手王永慶到部落採訪族人後，將自己的體會轉化成歌詞，一方面鼓勵村民，一方面要傳達對未來仍抱著希望，勇敢往前走。這首歌，代表著即將邁向另一個階段，未來正等著我們去面對。

歡喜來牽戲

特別收錄
作　詞：王永慶
作　曲：王永慶
編　曲：櫻井弘二

梅仔青青發在ㄟ樹枝　大家相招來挽梅
酸甘滋味現在尚對時　這是故鄉美麗的回憶

雖然現在咱嚨住不同位　嘛　互相關心來逗相挺
咱是小林大武壠的孩兒　未來生活　靠自己

雞腳刺的花隨風吹　吹向思念的親人
過去ㄟ一切　嘸怨嘆　打拼為著咱ㄟ願望

（合）
公廨的太祖　伊嘛有對咱講起
小林的囝仔　著愛勇敢過日子
等待春天　要來ㄟ那當時
咱的笑容　永遠會展開

大武壠的孩兒　跳出生命的舞步
對咱的家人　唱出感恩的歌曲
等待夜祭　返來ㄟ那一日
相招鬥陣　歡喜來牽戲

小結

　　很開心在古謠復振的路上，有一點小小的收穫，未來更肩負推廣的責任，我們要讓更多大武壠族的部落，認同自己的身分，驕傲的吟唱自己的古謠，說著自己的故事。我們也教導部落的孩子認識大武壠族的文化，期待未來孩子可以承接部落的重要工作，讓大武壠文化得以傳承。

　　曾經有人問我，為何要唱古謠？而我的回答是：「當我唱起古謠時，就能感受祖靈與家人就在我的身邊」。就這樣我們一直唱、一直唱，直到有一天，我們真的回到祖靈與家人的懷抱，跟他們訴說，我們是如何走這條回家的路。

第五章

現況與展望

劉正元

　　過去在清代文獻上被稱為四社熟番的大武壠族主要是由大武壠社、霄裡社、芒仔芒社及茄拔社所組成，居住在臺南、高雄兩地區的丘陵河谷地帶，東部花蓮富里一帶也有部分從臺灣西南部遷入的大武壠族人。相較於西拉雅諸社族人自稱「Siraya」（西拉雅），馬卡道諸社族人自稱「Makatao」（馬卡道），小林、荖濃及東部富里大庄等大武壠部落族人，均自稱「Taivoan」（大滿）。高雄主要居住地為甲仙、六龜荖濃、杉林枋寮、及東部花蓮富里大庄一帶，簡文敏推估大武壠族裔的人口約兩萬人。風災後南部族人被一分為三，分別被安置到五里埔小林社區（小林一村）、杉林日光小林社區（小林二村）、杉林小愛小林社區（小林三村）等三處永久屋。

　　小林、阿里關、荖濃三地的太祖祭典已經在民國 101 年（2012）正式登錄為高雄市無形文化資產之市定民俗，登錄理由為：「**大武壠小林、阿里關、荖濃太祖祭典具大武壠傳統信仰特色、保存大武壠太祖祭儀、祭品、祭祀空間、文物及歌謠（牽戲）。大武壠太祖信仰凝聚族群向心力、祭典過程及重要儀式保存平埔文化特色且有瀕臨失傳之危機。**」太祖祭典詳細的原由及細節已經在第二章中說明。目前每年農曆九月十五日三地族人均會同時舉辦太祖祭典，邀請各界參與，積極進行大武壠文化復振，自風災後小林太祖祭典移至五里埔永久屋舉行。

　　本章主要在介紹大武壠族目前分布狀況及人口數？以及各社群推動社會文化復振的具體成果為何？最後，我們試圖指出這些社會文化背後隱含的意義及未來展望。

第一節　族群遷徙及人口分布現況

　　綜合第一章所言，大武壠族經過多次歷史遷徙後，目前分布以南臺灣為主，主要居住地為甲仙區小林、阿里關、匏仔寮、大邱園；六龜區六龜、荖濃；杉林枋寮（金興）、杉林；內門區溝坪部分大武壠後裔在 19 世紀中葉也遷到東部花蓮富里、大庄（花蓮富里鄉東里村）一帶。幾個主要的聚落及人口數見表 5-1：

表 5-1　大武壠族主要聚落分布與四社熟番系統

聚落地名	行政里	四社熟番系統
小林	高雄市甲仙區小林里	頭社
阿里關	高雄市甲仙區關山里	頭社
匏仔寮	高雄市甲仙區寶隆里	茄拔社
大邱園	高雄市甲仙區大田里	茄拔社
頂公館	高雄市內門區金竹里	茄拔社
下公館	高雄市內門區溝坪里	茄拔社
杉林	高雄市杉林區杉林里	霄裡社
枋寮	高雄市杉林區集來里	芒仔芒社
荖濃	高雄市六龜區荖濃里	芒仔芒社
六龜	高雄市六龜區六龜里	芒仔芒社
六重溪	臺南市白河區六溪里	頭社
大庄	花蓮縣富里鄉東里村	芒仔芒社、大傑顛社、武洛社、搭樓社、阿猴社等

資料來源：筆者自行整理。

各地人口數

目前大武壠族主要分布區的現居人口數如下：高雄市六龜區荖濃里 1,582 人；六龜里 1,100 人；甲仙區小林里 617 人；關山里 669 人；寶隆里 729 人；大田里 1,797 人；杉林區集來里 1,401 人、杉林里 710 人；內門區溝坪里 1,083 人、金竹里 710 人；臺南市白河區六溪里 566 人；花蓮縣富里鄉東里村 1,146 人，上述整體推估人數為 12,110 人（表5-2）。另外，若干族人已經遷移至市區工作及生活，無法細究其族群人數。若依照日治時期後人口自然增長率來推估：目前潛在的大武壠族人口應落在 15,000 至 20,000 人之間。

民國 102 年（2013）11 月 15 日花蓮縣富里鄉正式認定當地包括大武壠族群在內的平埔族群為鄉定原住民，成為全臺第一個認定平埔族群為鄉定原住民的官方單位。

表 5-2　大武壠族主要分布區人口推估人數

行政里	分布	戶數	男性人口數	女性人口數	總人口數
高雄市六龜區	六龜里	476	604	496	1,100
	荖濃里	664	839	743	1,582
高雄市甲仙區	小林里	242	339	278	617
	關山里	251	367	302	669
	寶隆里	245	409	320	729
	大田里	647	953	844	1,797
高雄市杉林區	集來里	601	812	589	1,401
	杉林里	297	390	320	710
	溝坪里	362	604	479	1,083
	金竹里	277	393	317	710
花蓮縣富里鄉	東里村	489	634	512	1,146
臺南縣白河區	六溪里	237	321	245	566

資料來源：1. 高雄市民政局高雄市人口資料統計：http://cabu.kcg.gov.tw/Stat/StatRpts/StatRpt1.aspx?yq=107&mq=9&dq=64000320，花蓮縣富里戶政事務所：https://fulihr.hl.gov.tw/bin/home.php；臺南市白河戶政事務所：http://web.tainan.gov.tw/baiheagr/，登入日期：2018 年 10 月 14 日。2. 各地人口資料統計截止至 2018 年 9 月底。

第二節　大武壠族文化復振團體現況

　　民國 105 年（2016）10 月 5 日由日光小林社區發展協會陳偉民理事長召集大武壠族各部落幹部於日光小林社區活動中心召開大武壠族跨部落族群共識會議，部落除小林外，涵蓋阿里關、大邱園、匏仔寮、十張犁、枋寮、小份尾、杉林及茄萣等，會中達成六項決議，包含族名名稱及大武壠族正名程序細節等，決議第一條中明列族名名稱及自我認同（附錄四）：

　　無論荷蘭時期「大武壠」（Tevorangh）或日治時期自稱之「大滿」（Taivoan），均為稱呼我族之名稱，我們在不捨棄任何族名的情況下，現場決議以「大武壠族」或「大滿族」為我族唯一族名，以前者「大武壠族」為優先族名。亦請相關外界了解各族語言文化差異，尊重大武壠族自我認同，勿再稱呼我族為「西拉雅族」或「西拉雅族大武壠社群」。

　　除上述訴求外，決議中也期待將阿里關、小林及茄萣等三處的重要建築如公廨及其他大武壠重要文物等，未來也能夠列入高雄市有形文化資產（三地夜祭皆已列入高雄市無形文化資產）。「各部落亦積極復振刺繡、古謠、工藝、民族植物等文化」，最後，族人期待官方能夠儘快協助大武壠族取得官方正式原住民族身分認定。

　　位於高雄地區的大武壠族文化復振團體主要有日光小林社區發展協會、大滿舞團、小林社區發展協會、小愛小林社區發展協會、

茂濃平埔文化永續發展協會、阿里關平埔文化工作坊、關山社區發展協會、杉林金興社區協會等，風災前主要的工作在進行社區營造及弱勢族群照護，風災後感受到族群文化恐有消失之虞，所以重點擺在文化復振運動。

　　早期大武壠社群的生活規律是在雨季耕作，旱季射獵，具有明確的作息規範。期間以農曆三月開始為「禁向」，族人專心於農事，禁止婚嫁、打獵等行為；農曆九月十五日為開向日，開向之後各種禁忌解除，族人可以盡情歌唱、飲酒娛樂，當日晚間族人會在公廨前吟唱歌謠，感謝太祖的恩澤，久之形成今日我們俗稱的大武壠太祖祭典（祭儀細節已於第二章作詳細說明，不再贅述）。

　　小林、茂濃及阿里關三個部落主要信仰太祖，在每年農曆九月十五日晚間分別在五里埔、頂茂濃及阿里關的公廨舉行太祖祭典，這是族人每年最重要的祭典。祭日當日上午，由族人上山砍竹，留其尾端竹葉立在公廨前，燃放鞭炮，敲鑼打鼓，稱為「立向竹」，祭品以「米買」、檳榔、米酒、麻糬、香菸及豬肉為主。夜祭高潮是眾人在公廨身著傳統服飾，吟唱古謠後，由部落耆老牽戲帶領下，以傳統牽曲古調及舞步祭拜番太祖，獻祭時吟唱〈邦壓〉、〈搭母洛〉，向太祖稟報獻祭的祭品，結束前眾人與賓客並於公廨前牽戲歡唱，慶祝這個傳統開向之日。

　　然而，日治時代殖民政府為了推動同化政策與皇民化運動，以及遂行其宗教上同化的目的，於是壓抑了臺灣內部各族群的宗教信

仰及傳統習俗，是故上述太祖祭典遭到禁止。戰後雖然太祖祭典恢復舉辦，但是因為國民政府仍將平埔族群的宗教信仰視為陋習，另外漢人民間信仰勢力龐大，造成原住民許多傳統歌謠、祭儀逐漸流失。莫拉克風災後族人有感於文化的逐步失傳，憂心具大武壠特色的太祖祭典消失，於是透過在地的文史團體，積極地維護、保存及推廣大武壠族文化復振運動，以下依次列舉幾個具有代表性的大武壠族文化保存團體：

高雄市荖濃平埔文化永續發展協會

荖濃在行政區域上隸屬高雄市六龜區荖濃里，人口多聚集在荖濃溪西岸的河谷臺地，臺 20 線南橫公路貫穿此區，為本區最主要的聯外道路。荖濃里由水冬瓜、蠻仔埔、頂荖濃、下荖濃、合興、田營底等聚落組成，早期屬於四社熟番的芒仔芒社，後來因為遷移及婚姻關係，陸續加入布農、閩南、客家及新住民，目前實際居住在部落內的居民以老人和小孩為多數，人口總數約 1,600 人左右，主要祭祀的神明為太祖，目前每年農曆九月十五日定期舉辦大武壠荖濃太祖夜祭。

荖濃里有兩個地方文史及社造團體，其一是高雄市荖濃社區發展協會，另外一個為民國 101 年（2012）成立的高雄市荖濃平埔文化永續發展協會。前者主要任務是健全社區組織發展，促進社區永續發展，目前主要推動的工作為社區照護、產業發展及生態旅遊；後者則是主要在推動大武壠文化復振工作，諸如生活文化體驗，包

含竹製工藝、編織草鞋、花環、利用傳統木杵木臼搗麻糬、推廣傳統十字繡工藝等，另外，負責推動太祖夜祭活動，向外界呈現大武壠的傳統信仰及文化。

　　在民國 102 年（2013）的太祖祭典中，該團體以「九月暝、番仔戲、熟識味」為主題，除了強調祭典日期外，也正式揭櫫以「番」作主題的文化展演。就筆者所知：是否凸顯「番」字在當初成員內部的討論中也造成不少爭辯，但是大家最後仍達成共識，由此可以預見「去漢變番」將成為下一波族群文化復振的重要議題。

◀ 圖 5-1　2013 年荖濃太祖夜祭
　　　活動海報

高雄市甲仙區關山社區發展協會

阿里關為昔日漢人設關防之地，在西邊臺南市的稱之為西阿里關，在東邊甲仙的稱之為東阿里關。東阿里關有臺29線經過，為目前甲仙地區海拔最高的村落，目前社區人口約八百人，多數是大武壠社群的後裔，因為產業之故青壯人口外流，造成老化情況嚴重，居民大多從事農業，尤以芭樂、麻竹筍、青梅、龍鬚菜居多。

目前東阿里關有兩個地方文史及社造團體，其一是民國82年（1993）成立的關山社區發展協會，另外一個則為葉志禮個人經營的阿里關平埔文化工作坊。前者重點在發展產業及促進社區發展，在民國103年（2014）該協會申請農村再生計畫內容中，將產業發展、環保生態、文化保存列為該社區發展的重要指標，該協會也是大武壠阿里關太祖祭典的主辦團體。

民國103年（2014）9月成立阿里關平埔文化工作坊，是由在地文史工作者葉志禮所創立，目前於臉書成立粉絲專頁，推動大武壠文史復振工作。粉絲專頁載明工作坊成立的宗旨為：平埔族從未消失，而我們都是「大武壟【壠】」的子民，將重拾我們的傳統與文化。粉絲專頁上貼文多是葉志禮走訪南臺灣探討公廨及太祖祭祀器物及儀式的相關文章。

杉林金興社區協會

　　枋寮金興社區位於杉林區集來里，楠梓仙溪流域，是一個古老的聚落，居民屬於芒仔芒社系統，目前已無公廨，聚落中最重要的信仰並非太祖，而是道教的伍龍廟，主祀玄天上帝，並有廟會及鼓陣，過去聚落中亦有宋江陣等組織。枋寮人原意是「從山上下來的人」，早期枋寮木業興盛，把木頭從山上運下來後木材會放在工寮，久之，工人索性就住在工寮旁，故稱枋寮。後來，枋寮聚落內成立鼓陣，其中有一面鼓背面書寫「金興」二字，於是後來金興也成了枋寮的別名。在日治時期的戶籍資料中，除少數移入的居民外，枋寮金興社區的居民在種族欄中幾乎都被註記為熟番。

高雄市小林區小林社區發展協會

　　小林部落位於楠梓仙溪上游，口述歷史大武壠祖先是由南化及玉井一帶遷至該處，日治時期屬於高雄州旗山郡甲仙庄東阿里關，戰後設小林村，縣市合併後改小林里。根據耆老口述，小林地名來源有二：一說據說該地原本是一大片樹林；另一說則是日治時期為了開發樟腦及山林，當時官方派駐的警察姓氏為小林，故以小林命名。風災重創舊小林部落，倖存居民被安置在三處永久屋迄今。

　　小林社區發展協會在風災前便已成立，本社區的前身是「小林社區理事會」，民國 82 年（1993）改制為「高雄縣甲仙鄉小林社區發展協會」，協會成立後陸續推動社區守護、治安維護、環境美化

等社區營造工作，並辦理平埔夜祭巡禮、婦女生活資訊教育訓練、社區媽媽種子培訓、民俗技藝活動——大鼓陣、新住民配偶生活輔導適應班等，凝聚居民感情。

民國 98 年（2009）莫拉克風災，導致原小林村滅村，之後協會發展重點著重於社區重建及防災，及社福醫療等面相。

原小林村居民災後分散到杉林小愛小林社區、日光小林社區、五里埔小林社區等三處永久屋。五里埔小林社區在規劃階段即設定以發展平埔文化為主軸，祭祀公祠、紀念公園、小林平埔族群文物館、公廨和北極殿均在此重建。[1] 小林夜祭每年也在五里埔舉行。日光小林社區 90% 街道配置和住家型式都依照原小林村建造，社區以文化創意產業為導向；民國 100 年（2011）又成立大滿舞團，將傳統文化以藝術方式展現。小愛小林位於杉林大愛園區內，居民平均年紀較高，牛犁陣是社區內具特色的團體，常受邀到各地表演。

---

[1]　小林平埔族群文物館是國內第一座以平埔歷史為主題的文物館，民國 85 年（1996）成立時原在小林國小內，館內展出完整的小林公廨、傳統農耕器具等。風災後在五里埔永久屋旁再次開幕，並以「回家——小林村的路」為主題舉行常設展，描述災變及小林文化復振的故事。細節詳見網址：http://xiaolin.khcc.gov.tw/index.php?option=module&lang=cht&task=pageinfo&id=1&index=1。資料檢索日期：2018 年 10 月 13 日。

小愛小林社區發展協會

　　小愛小林社區發展協會成立於風災後的民國 101 年（2012），協會會址位於杉林區月眉里小愛社區永久屋，該處永久屋成為一分為三小林部落的小林村。小愛小林社區發展協會目前推動的著重於社區營造、生計及傳統表演藝術面相，例如社區會有炊粿活動，延續保存傳統飲食技藝，另外，社區也組成一支小林牛犁陣頭，參與大武壠文化節等重要活動。

日光小林社區發展協會與大滿舞團

　　有別於小林社區發展協會的社區營造及扶植弱勢路線，及小愛小林社區發展協會的社區活動，日光小林社區發展協會和位於日光小林的大滿舞團則成為現階段最重要的大武壠族文化復振團體。

　　民國 98 年（2009）對大武壠族是關鍵的一年，當年夏天莫拉克風災造成南臺灣重大災害，大武壠族主要居住地區小林、甲仙、杉林等受災情況嚴重，位於甲仙的小林村更是重災區。目前大武壠族群的受災居民除原住地外，分別安置於杉林大愛、日光小林及五里埔等永久屋居住。民國 100 年（2011）末，大滿舞團在王民亮團長的號召下成立，原意係藉由歌舞進行集體療癒，以撫平團員失去親友的悲傷，並在民國 100 年（2011）12 月 24 日首次參與日光小林永久區落成啟用典禮的公開演出（圖 5-2）。大滿舞團命名係源自風災前小林公廨上的「大滿族公廨」一詞而來，具有歷史及文化意涵，目前團員約 25-30 位，年齡分布從 5 歲到 71 餘歲不等，是大武壠族群具有代表性的社團（細節請詳見第四章）。

▲ 圖 5-2　大滿舞團 2011 年首次展
　　演（相片提供：大滿舞團）

▲ 圖 5-3　大武壠歌舞文化節海報

看見小林：2018 年的大滿舞團

　　以今年（2018）1 月到 6 月為止，大滿舞團所進行的 28 個重要活動來看，其中數量最多的當數大滿舞團的公開表演，占了大約三分之一（表 5-3），其餘的項目包含文化復振及族語教學，例如 3 月分在高雄科技大學舉辦〈小林大武壠史料文物巡迴展〉，在日光小林社區不定期舉辦〈大武壠族族語教學〉等，以及在社區教導傳統十字繡等，以復振大武壠族文化。其次，為了活絡產業，除延續過去的手工皂製作外，今年也增加〈柴燒年糕販售活動〉、〈家鄉好滋味小林粽販賣〉，並配合大武壠文化節舉辦社區產品展售。此外，舞團不定期參（互）訪國內外社區，日光小林村民聯誼及社區關懷活動各占一件（表 5-4）。另外，日光小林社區發展協會集結歷年耆老訪談及文獻資料蒐集，於民國 107 年（2018）出版《種下小林村的記憶》出版品一冊，內容以植物使用的角度，記錄大武壠族人的歷史、信仰、飲食與生活。

　　在古謠方面，民國 104 年（2015）12 月 12 日舞團發行首張專輯《歡喜來牽戲》，累積三年的古謠，透過正式錄音，讓古謠得

以保存與傳承，並在高雄市立歷史博物館舉辦專輯發表會。隔年（2016）12 月 9 日又發行第二張古謠專輯《太祖的孩子》，民國 107 年（2018）4 月繼續發行第三張專輯《回家跳舞》。

表 5-3　大滿舞團活動行程表（2018 年 1 月至 6 月）

活動日期	活動名稱	活動性質
1 月 2 日	〈柴燒年糕販售活動〉	產業發展
1 月 20 日	〈日光小林歲末聯歡晚會（尾牙）〉	族人聯誼
1 月 26 日	〈2018 年春節杉林葵花迷宮〉	舞團展演
2 月 09 日	〈送愛到部落〉	社區關懷
2 月 15 日	〈向日葵花海的展售活動〉	產業發展
2 月 26 日	〈柴燒年糕～陪你到元宵〉	產業發展
3 月 2 日	〈高雄小林的查某暝（女人夜）〉	舞團展演
3 月 4 日	〈高雄春天藝術節環境劇場大戲——見城（2.0 版）〉	舞團展演
3 月 8 日	〈回家跳舞，大武壠族史料展〉	文化教學
3 月 13 日	〈阿里山達娜伊谷自然生態公園表演〉	舞團展演及社區互訪
3 月 14 日	〈小林大武壠史料文物巡迴展——國立高雄科技大學〉	文化教學
3 月 16 日	〈阿里山的山美部落文化交流〉	社區互訪
3 月 22 日	〈巴楠花部落小學交流〉	學校及社區互訪
3 月 24 日	〈大武壠族族語教學〉	文化教學
3 月 25 日	〈衛武營榕園音樂會〉	舞團展演

活動日期	活動名稱	活動性質
3 月 30 日	〈體驗魚笱製作研習——國立高雄科技大學〉	文化教學
4 月 6 日	〈歡喜來牽戲歌曲〉	舞團展演
4 月 15 日	〈高雄市超越巔峰關懷協會公益活動〉	社區互訪及舞團展演
4 月 22 日	〈杉林客家文化節之踩街嘉年華閉幕式〉	舞團展演
4 月 28 日	《種回小林村的記憶》出版	出版品
4 月 29 日	〈大武壠歌舞文化節〉	產業發展 社區互訪 舞團展演
5 月 5 日	〈大武壠網袋技藝教學〉	文化教學
5 月 11 日	〈大滿舞團校園巡迴表演（岡農）〉	舞團展演
5 月 17 日	〈小林國小傳統歌謠教唱〉	文化教學
5 月 19 日	〈多元文化探索研習營〉	社區互訪
5 月 24 日	〈大武壠刺繡課程〉	文化教學
6 月 11 日	〈家鄉好滋味小林粽販賣〉	產業發展
6 月 17 日	〈高雄一日農夫小旅行〉	社區互訪

資料來源：大滿舞團臉書粉絲頁 https://www.facebook.com/TaivoanPingpu/，由筆者自行整理。活動日期係以臉書粉絲頁上日期標記，與實際活動日期可能會有差異。

表 5-4 大滿舞團活動行程表性質分析

種類	次數
大滿舞團展演	9
文化復振與族語教學	7
部落產業發展	5
社區互訪	4
出版品	1
族人聯誼	1
社區關懷	1
總　計	28

資料來源：筆者自行整理。

文化復振

　　無論各社區發展協會的重點為何，社會和文化復振無疑地是各地大武壠部落的共同共識。以具代表性的日光小林社區網站《看見小林》為例，該網站具體呈現一分為三的小林三處永久屋社區營造及文化復振的具體成果。另外，從民國 104 年（2015）開始，大滿舞團暨日光小林社區每年舉辦大武壠歌舞文化節，結合鄰近大武壠部落舉辦活動，以重新復振族群文化。據主辦單位說明：舉辦日期選定在農曆三月十五日前，主要是要呼應另一個大武壠重要祭儀「禁向」，因為目前已沒有部落舉辦「禁向」，未來期望「禁向」復振後，本活動可以轉型為「禁向」的祭儀（詳見附錄三大滿舞團歷年大事紀）。

個人 / 集體療癒

　　大滿舞團當初成立的初衷並非針對大武壠族文化復振，而是在團員之間的集體療癒。大滿舞團團員間基於自身生命經驗，透過舞團這個媒介達成個人 / 集體療癒的效果。莫拉克風災發生時，王民亮團長正在臺北工作，因為這場災難失去父母及至親等，心靈上陷入絕望。類似王民亮這種遭遇的村民為數不少，於是阿亮決定用大滿族名創立大滿舞團，希望藉由歌舞的力量「重建災後受創心靈」，他說：「支持我走到現在的是團員，他們不斷給我回饋，我們是一群用眼淚在跳舞的人。」

產業生計

　　老梅餅、薑黃酥、柴燒年糕、手工皂製作等都是這幾年日光小林社區試圖建立在地產業生計模式的策略，另外，位於日光小林社區旁的「永齡農場：高雄杉林有機農業園區」，占地 55 公頃，緣於民國 98 年（2009）風災之後，永齡慈善基金會見許多災民流離失所，於是捐贈土地，提供受災居民就業機會，是全臺規模最大的有機農場，每年生產超過三百種以上的有機蔬果，提供包含大武壠族在內不同族裔人群得以在此共生共榮、永續經營發展。

▲　圖 5-4　日光小林居民烘焙製作老梅餅（相片提供：劉正元）

▲　圖 5-5　「無比梅好」老梅餅（相片提供：劉正元）

建立國際聯結

　　這幾年大滿舞團分別應邀到日本、韓國、馬來西亞等地表演，這些表演的性質及意義有如下三個面相，首先是基於切身災難經驗，主動進行關懷（例如民國 103 年〔2014〕7 月 18-22 日本岩手縣山田町表演）；其次是與高雄市友好城市進行友誼交流（民國

106 年〔2017〕代表高雄市參加韓國姊妹市釜山舉辦的釜山藝術節演出；民國 107 年〔2018〕10 月參與韓國水原市水原華城文化節）；最後則是以原住民身分與聯合國教科文組織交流（民國 106年〔2017〕應亞洲原住民聯盟邀約至馬來西亞雪蘭莪原住民藝術節演出，並與當地南島民族原住民交流）。

▲ 圖 5-6 大滿舞團參與五里埔小林夜祭表演（相片提供：大滿舞團）

▲ 圖 5-7 大滿舞團 2014 年赴日本岩手縣的山田町表演（相片提供：大滿舞團）

▲ 圖 5-8 大滿舞團參與高雄春天藝術節見城表演（相片提供：大滿舞團）

▲ 圖 5-9 茆濃太祖祭典茆濃國小學生鼓陣表演（劉正元攝影）

第四節　結論：從「去埔入漢」到「去漢變番」

大武壠族主要由大武壠社、霄裡社、芒仔芒社及茄拔社所組成，居住在臺南、高雄兩地區的丘陵河谷地帶，東部花蓮富里一帶也有部分從臺灣西南部遷入的大武壠族人，他們自稱為大滿族，主要居住地為高雄甲仙、六龜荖濃、杉林枋寮、及東部花蓮富里大庄一帶，目前推估大武壠族裔的人口約 15,000 到 20,000 人。

民國 105 年（2016）10 月 5 日大武壠族跨部落族群共識會議決議中，他們希望沿用「大滿族」或「大武壠族」的族名，以強調自身族群文化的主體性。風災後各部落積極進行文化復振、社區營造等工作，均卓有特色及建樹。其中，日光小林社區發展協會和位於日光小林的大滿舞團則成為現階段最重要的大武壠族文化復振團體，其深層意義不只在個人或集體的心靈療癒，同時也致力於大武壠族文化復振、建立產業生計模式，以及與國外其他人群或團體進行國際連結。

在臺灣歷史上，平地原住民是最早漢化的一群人，在強勢文化下，早期的平地原住民被迫「去埔入漢」，喪失了原住民的文化認同與記憶，以上述枋寮金興的例子而言，多數居民在日治時期的戶籍登記中，種族一欄登記為「熟」，然而居民在語言、文化及宗教等面相，幾乎已經全然漢化，風災後在若干有心人士的推動下，才逐漸找回族群的主體。近來來，各地大武壠部落逐漸建立族群主體性，頂荖濃在民國 102 年（2013）的太祖祭典中，以「九月暝、番仔戲、熟識味」為主題，除了強調祭典日期外，也正式揭櫫以「番」

作主題的文化展演，可以預見的是：「去漢變番」將成為下一波大
武壠族群文化復振的重要議題。

大武壠
人群移動、信仰與歌謠復振

參考文獻

一、史料

1. 不著撰人（清），臺灣銀行經濟研究室編（1959〔1895〕），《安平縣雜記》，臺灣文獻叢刊第 52 種。臺北：臺灣銀行經濟研究室。（臺一版，林勇校訂。臺北市：成文出版社。）

2. 余文儀主修，臺灣銀行經濟研究室編（1962），《續修臺灣府志》（第一冊），臺灣文獻叢刊第 121 種。臺北：臺灣銀行經濟研究室。

3. 周鍾瑄主修，臺灣銀行經濟研究室編（1962），《諸羅縣志》（第一冊）、（第二冊），臺灣文獻叢刊第 141 種。臺北：臺灣銀行經濟研究室。

4. 吳桭臣（1965），〈閩遊偶記〉，收於臺灣銀行經濟研究室編，《臺灣輿地彙鈔》，臺灣文獻叢刊第 216 種，頁 11-27。臺北：臺灣銀行經濟研究室。

5. 郁永河撰，臺灣銀行經濟研究室編（1959〔1697〕），《裨海紀遊》，臺灣文獻叢刊第 44 種，臺北：臺灣銀行經濟研究室。

6. 高拱乾修，臺灣銀行經濟研究室編（1960〔1694〕），《臺灣府志》（第一冊），臺灣文獻叢刊第 65 種。臺北：臺灣銀行經濟研究室。

7. 黃叔璥著，臺灣銀行經濟研究室編（1957〔1722〕），《臺海使槎錄》，臺灣文獻叢刊第 4 種。臺北：臺灣銀行經濟研究室。

8. 黃典權輯（1966），《臺灣南部碑文集成》（第四冊），臺灣文獻叢刊第 218 種。臺北：臺灣銀行經濟研究室。

9. 臺灣銀行經濟研究室編（1965），《臺灣輿地彙鈔》，臺灣文獻
   叢刊第 216 種。臺北：臺灣銀行經濟研究室。

10. 臺灣銀行經濟研究室編（1966），《清經世文編選錄》，臺灣文
    獻叢刊第 229 種。臺北：臺灣銀行經濟研究室。

二、專書

1. 三尾裕子、豐島正之編（2005），《小川尚義、淺井惠倫台灣
   資料研究》。東京：國立東京外國語大學亞非語言文化研究所。

2. 小川尚義（1944），〈インドネシア語に於ける台湾高砂語の
   位置〉，收錄於太平洋協会編，《太平洋圏：民族と文化》（上
   卷），頁 451-503。東京：太平洋協会。漢譯文見黃秀敏譯、
   李壬癸編審（1993），《臺灣南島語言研究論文日文中譯彙
   編》。臺東：國立臺灣史前文化博物館籌備處。

3. 小島由道（1920），《番族慣習調查報告書·第五卷》（第一
   冊）。臺北：臺灣總督府臨時臺灣舊慣調查會。

4. 中村孝志著，吳密察、翁佳音、許賢瑤編（2002），《荷蘭時
   代台灣史研究下卷：社會·文化》。臺北：稻鄉。

5. 天理大學附屬天理參考館編（2012），《台湾平埔族、生活文
   化の記憶》。奈良：日本天理大學出版部。

6. 石萬壽（1990），《臺灣的拜壺民族》。臺北市：臺原。

7. 安倍明義（1938），《臺灣地名研究》。臺北市：蕃語研究會。

8. 林聖欽等撰述；施添福總編纂，國史館臺灣文獻館採集組編輯（2002），《臺灣地名辭書：卷七　臺南縣》。南投市：臺灣文獻館。

9. 吳榮順（1998），《高雄縣境內六大族群傳統歌謠叢書3：平埔族民歌》（CD／書籍）。高雄：高雄縣立文化中心。

10. 洪麗完（2000），〈婚姻網絡與族群、地域關係之考察：以日治時期大武壠派社裔為例〉，收錄於戴文峰主編，《南瀛歷史、社會與文化 II》，頁77-115。臺南：臺南縣政府。

11. 胡家瑜（1999），〈伊能嘉矩的臺灣原住民族研究與物質文化收藏〉，收錄於胡家瑜、崔伊蘭主編，《臺大人類學系伊能藏品研究》，頁37-71。臺北：國立臺灣大學出版中心。

12. 胡家瑜（2014），《針線下的繽紛──大武壠平埔衣飾與刺繡藏品圖錄》。高雄：高雄市立歷史博物館。

13. 移川子之藏、馬淵東一、宮本延人等著，楊南郡譯註（2011〔1935〕），《臺灣原住民族系統所屬之研究‧本文篇》（第一冊）。臺北：行政院原住民族委員會、南天。

14. 陳振川總編（2012），《文化保存與血脈傳承：重建小林村》。臺北：行政院莫拉克颱風災後重建推動委員會出版。

15. 陳第（1994），〈東番記〉，收錄於方豪，《臺灣早期史綱》，頁139-142。臺北：臺灣學生。

16. 張耀錡（2003），《臺灣平埔族社名研究》。臺中市：張耀錡；出版：南天。

17. 曾振名、童元昭主編（1999），《噶瑪蘭西拉雅古文書》。臺北：國立臺灣大學人類學系。

18. 楊森富（2002），《臺南縣平埔地名誌》。臺南縣新營市：臺南縣政府。

19. 溫振華（1997），《高雄縣土地開墾史》。高雄縣鳳山市：高雄縣政府。

20. 溫振華（1997），《高雄縣平埔族史》。高雄縣鳳山市：高雄縣政府。

21. 臧振華、劉益昌（2001），《十三行遺址：搶救與初步研究》。臺北縣：臺北縣政府文化局。

22. 潘文富等撰述；施添福總編纂；國史館臺灣文獻館採集組編輯（2005），《臺灣地名辭書：卷二　花蓮縣》。南投市：臺灣文獻館。

23. 劉寧顏總纂（1995），《重修臺灣省通志·卷三住民志同胄篇》（第二冊）。南投：臺灣省文獻委員會。

24. 劉澤民編著（2002），《平埔百社古文書》。南投：國史館臺灣文獻館。

25. 劉澤民、陳文添、顏義芳編譯（2001），《臺灣總督府檔案平埔關係文獻選輯》。南投：臺灣省文獻委員會。

26. 歐陽泰（Tonio Andrade）著，鄭維中譯（2007），《福爾摩沙如何變成臺灣府？》。臺北：遠流。

27. 駱香林（1959），《花蓮縣志稿　卷三上》。花蓮：花蓮縣文獻委員會。

28. Campbell, Rev. Wm (1987[1903]), *Formosa Under the Dutch*. London: Kegan Paul, Trench, Trubner. Reprinted by SMC Publishing Co., Taipei.

29. Eliade, M. (1959), *The sacred and the profane: the nature of religion* (W. Trask Trans.). London: Harcourt Brace Jovanovich, (Original work published 1957).

30. Ester Boserup (2005[1976]), "Environment, Population, and Technology in Primitive Societies." In Michael Redclift (ed.), *Sustainability: Critical Concepts in the Social Sciences*, pp. 157-171. New York; London: Routledge.

31. Geertz, Clifford (1973), "Religion as a Cultural System." In Clifford Geertz (ed.), *The Interpretation of Cultures*, pp. 87-125. New York: Basic Book.

32. Gell, Alfred (1998), *Art and Agency: An Anthropological Theory*. Oxford: Clarendon.

33. Hoffman, Susanna M. (2002), "The Monster and the Mother: The Symbolism of Disaster." In Susanna M. Hoffman & Anthony Oliver-Smith (eds.), *Catastrophe & Culture:The Anthropology of*

Disaster, pp. 113-142. School of American Research Press.

34. Miller, Daniel. (2010), "Why Clothing is not Superficial." In Daniel Miller (ed), *Stuff*, pp.12-41. Cambridge: Polity Press.

35. Oliver-Smith, Anthony & Hoffman, Susanna M. (2002), " Introduction: Why Anthropologists Should Study Disasters." In Susanna M. Hoffman & Anthony Oliver-Smith (eds.), *Catastrophe & Culture: The Anthropology of Disaster,* pp. 3-22. School of American Research Press.

36. Pearce, Susan M. (1994), "Collecting Reconsidered." In *Interpreting Objects and Collections,* pp. 193-204. London: Routledge.

37. Prown, Jules David (1993), "The Truth of Material Culture: History of Fiction? " In Steven Lubar & W. David Kingery (eds.), *History From Things: Essays on Material Culture,* pp. 1-19, Washington and London: Smithsonian Instifution Press.

三、論文（期刊 / 學位 / 論文集論文）

1. 土田滋（Tsuchida, Shigeru）(1985), " Kulon: Yet another Austronesian language in Taiwan? " *Bulletin of the Institute of Ethnology*, 60, pp. 1-59.

2. 王和安（2007），〈日治時期南臺灣的山區開發與人口結構：以甲仙六龜為例〉。桃園：國立中央大學歷史研究所碩士論文。

3. 甘治士（Candidius）著，葉春榮譯，（1994），〈荷據初期的西拉雅平埔族〉，《臺灣風物》，44（3），頁 193-228。

4. 李壬癸（1992），〈臺灣平埔族群的種類及其相互關係〉，《臺灣風物》，42（1），頁 211-238。

5. 李壬癸（1992），〈台灣南島語言的舟船同源詞〉，《民族語文》，74，頁 14-17, 33。

6. 李壬癸（2010），〈從文獻資料看台灣平埔族的語言〉，《台灣語文研究》，5（1），頁 1-14。

7. 李壬癸（2010），〈台灣東部早期族群的來源及遷移史〉，《台灣原住民族研究季刊》，3（4），頁 1-9。

8. 李亦園（1954），〈記本系所藏平埔各族器用標本〉，《國立臺灣大學考古人類學刊》，3，頁 51-57。

9. 李亦園（1954），〈本系所藏平埔族衣飾標本〉，《國立臺灣大學考古人類學刊》，4，頁 41-46。

10. 李亦園（1955），〈台灣平埔各族所具之東南亞古文化特質〉，《主義與國策》，44（民族學專號），頁 23-28。

11. 李亦園（1955），〈台灣平埔族的祖靈祭〉，《中國民族學報》，1，頁 125-137。

12. 李亦園（1955），〈從文獻資料看台灣平埔族〉，《大陸雜誌》，

10（9），頁 19-29。

13. 李國銘（2004），〈從 re-present 到 represent ——臺灣南部祀壺信仰崇拜物的變遷〉，收錄於李國銘，《族群、歷史與祭儀——平埔研究論文集》，頁 289-317。臺北：稻鄉。

14. 沈淑貞、曹玉玫、顏永杰、李宛津、范聖育（2013），〈莫拉克風災受創者集體創傷經驗與療癒歷程初探〉，《臨床心理學刊》，7（1），頁 25-26。

15. 林清財（1995），〈從歌謠看西拉雅族的聚落與族群〉，收於潘英海、詹素娟主編，《平埔研究論文集》，頁 475-498。臺北：中央研究院臺灣史研究所籌備處。

16. 林清財（1998），〈西拉雅族歌謠分布與族群歷史〉，收於劉益昌、潘英海主編，《平埔族群的區域研究》，頁 203-227。南投：臺灣省文獻委員會。

17. 林清財（2017），〈大庄人的「沿革」與「歌謠」：東京外國語大學「臺灣資料」中大庄史料解讀〉，收於林清財、浦忠成主編，《返來做番：原住民族的文化復振與正名》，頁 283-322。新北市：斑馬線。

18. 洪麗完（2007），〈清代楠梓仙溪、荖濃溪中游之生、熟番族群關係（1760-1888）：以「撫番租」為中心〉，《臺灣史研究》，14（3），頁 1-71。

19. 洪麗完（2011），〈族群互動與遷徙、擴散：以清代哆囉嘓社人遷徙白水溪流域為中心〉，《臺灣史研究》，18（4），頁 1-55。

20. 洪麗完（2012），〈嘉南平原沿山熟番移住社會之形成暨其社會生活考察（1760-1945）——以大武壠派社為例〉，《歷史人類學刊》，10（1），頁 31-86。

21. 馬淵東一（1953），〈高砂族の分類：学史的回顧〉，《民族學研究》，18（1-2），頁 1-11。

22. 陳瑤玲、裴瑤（2014），〈平埔文化復振：以高雄六龜頂荖濃部落的觀察為例〉，《高雄文獻》，4（1），頁 80-110。

23. 陳漢光（1962），〈高雄縣荖濃村平埔族信仰調查〉，《臺灣文獻》，13（1），頁 102-105。

24. 陳漢光（1962），〈高雄縣匏仔寮平埔族宗教信仰調查〉，《臺灣文獻》，13（4），頁 88-99。

25. 陳漢光（1963），〈高雄縣阿里關及附近平埔族宗教信仰和習慣調查〉，《臺灣文獻》，14（1），頁 159-168

26. 陳漢光（1991），〈六龜鄉荖濃村平埔族信仰調查〉，《高縣文獻》，11，頁 19-28。

27. 陳漢光（1991），〈甲仙鄉匏仔寮平埔族宗教信仰調查〉，《高縣文獻》，11，頁 29-58。

28. 清水純（2018），〈解：浅井惠倫著「シラヤ熟蕃研究断片」〉，《台灣原住民研究》，22。

29. 國分直一（1941），〈平埔族聚落を訪ねて——新市庄新店採訪記〉，《民俗台湾》，1（6），頁 48-52。（又載於《壺を祀る村》，

頁 218-226，1981）

30. 詹素娟（2017），〈身份制與臺灣平埔族群的身份變遷〉，收錄於林清財、浦忠成主編，《返來做番：原住民族的文化復振與正名》，頁 19-32。新北市：斑馬線。

31. 潘英海（1987），〈有關平埔族研究的西文資料〉，《臺灣風物》，37（2），頁 39-53。

32. 潘英海（1987），〈平埔族研究的困惑與意義——從郡式柏的博士論文「十七及十八世紀臺灣拓墾中的漢番關係」談起〉，《臺灣風物》，37（2），頁 157-165。

33. 潘英海（1994），〈聚落、歷史、與意義：頭社村的聚落發展與族群關係〉，《中央研究院民族學研究所集刊》，77，頁 89-123。

34. 潘英海（1995），〈祀壺釋疑——從「祀壺之村」到「壺的信仰叢結」〉，收錄於潘英海、詹素娟主編，《平埔研究論文集》，頁 445-474。臺北：中央研究院臺灣史研究所籌備處。

35. 潘英海（1995），〈文化合成與合成文化：頭社村太祖年度祭儀的文化意涵〉，收錄於莊英章、潘英海主編，《臺灣與福建社會文化研究論文集》（一），頁 233-256。臺北：中央研究院民族學研究所。

36. 潘英海（1995），〈「在地化」與「地方文化」：以「壺的信仰叢結」為例〉，收錄於莊英章、潘英海主編，《臺灣與福建社會文化研究論文集》（二），頁 299-319。臺北：中央研究院民族學研究所。

37. 潘英海（1998），〈「文化系」、「文化叢」與「文化圈」：有關「壺的信仰叢結」分佈與西拉雅族群遷徙的思考〉，收錄於劉益昌、潘英海主編，《平埔族群的區域研究》，頁 163-202。南投：臺灣省文獻委員會。

38. 潘繼道（2002），〈花蓮大庄「舊人」後山移民史〉，《史耘》，8，頁 1-22。

39. 劉斌雄（1987），〈臺灣南部地區平埔族的阿立祖信仰〉，《臺灣風物》，37（3），頁 1-62。

40. 鄭螢憶（2017），〈仰沾聖化、願附編氓？康雍朝「生番」歸化與番人分類體制的形構〉，《臺灣史研究》，24（2），頁 1-32。

41. 簡文敏（2002），〈「查某暝」與「偷拔蔥」——兩種女性生命型態之整合與比較〉，《臺灣風物》，52（3），頁 19-66。

42. 簡文敏（2016，11 月），〈向頭、尪姨與大武壠〉，發表於「當代巫文化的多元面貌」學術研討會，中央研究院民族學研究所舉辦，2016 年 11 月 3 日。

43. 簡文敏（2018），〈從天理大學收藏品雙笏初探大武壠社會的性別平權與女神信仰〉，《高雄文獻》，8（2），頁 102-118。

44. 簡炯仁（2001），〈大武壠社群開發高雄縣甲仙、杉林及六龜等鄉的情形〉，收於簡文敏總編輯，《大高雄地區開發論文研討會論文集》，頁 22-61。高雄：高雄縣自然史教育館。

45. 費羅禮（Raleigh Ferrell）（1971），〈Aboriginal Peoples of the Southwestern Taiwan Plain〉，《中央研究院民族學研究所集刊》，

32，頁 217-225。

46. Douglas, Bronwen (1993), "Pre-European Societies in the Pacific Islands." In Max Wuanchi & Ron Adams (eds.), *Culture Contact in the Pacific- Essays on Contact, Encounter and Response*, pp. 15-31. Melbourne: Cambridge University Press.

四、其他

1. 小林平埔族群文物館。資料檢索日期：2018 年 10 月 15 日。網址：http://xiaolin.khcc.gov.tw/index.php?temp=exhibition&lang=cht。

2. 大滿舞團臉書粉絲頁。資料檢索日期：2018 年 10 月 15 日。網址：https://www.facebook.com/TaivoanPingpu/。

3. 土田滋、山田幸宏、森口恒一（1991），《臺灣 · 平埔族の言語資料の整理と分析》。1989-1990 年度科學研究費補助金一般研究（A）研究成果報告書。東京：東京大學。

4. 花蓮縣富里戶政事務所。資料檢索日期：2018 年 10 月 14 日。網址：https://fulihr.hl.gov.tw/bin/home.php。

5. 看見小林。資料檢索日期：2018 年 10 月 10 日。網址：http://www.taivoan.org。

6. 高雄市民政局高雄市人口資料統計。資料檢索日期：2018 年 10 月 14 日。網址：http://cabu.kcg.gov.tw/Stat/StatRpts/StatRpt1.

aspx?yq=107&mq=9&dq=64000320。

7. 國立臺灣博物館數位典藏木祭板，編號:AT3260-1，所屬族群巴則海族，祭祀用。網址：http://catalog.digitalarchives.tw/item/00/2f/99/73.html。

8. 淺井惠倫（1996），〈Siraya Makatao 2〉（筆記），日本國立東京外國語大學圖書館收藏。

9. 臺南市白河戶政事務所。資料檢索日期：2018 年 10 月 14 日。網址：http://web.tainan.gov.tw/baiheagr/ 。

附錄

附錄一：林清財譯解〈搭母洛〉（提供小林太祖祭祀使用版本）

酒宴歌：在公廨跳舞之前，喝酒、唱歌。

　　頭社克　三月二十六、七日

　　九月十五日　公廨

　　男生唱一句，女生重複唱一句。

　　Ta-bo-lo Ta-bo-lo-ko　　（每句歌詞開頭皆以此句開始）

一、大衣時那無那膜

　　Ta- i　si- na　bo- na-bo　　　　　Ta-bo-lo-ko li-ma-ta ho li-sa-le

　　請太祖您來

二、衣時那膜西于言

　　I-si-na-mu　si-u-gan

　　我來給您開向

三、有乃阿利支加友

　　U- nai a- li　ki- ka-iu

　　將軍柱的木頭從地上立起來。

四、那膜阿笠枝記艮

　　Na- mu　a-li　ki-ki-kin

　　長竹子的篙，往四方散開。

五、有乃阿笠支貓（猫）棹

　　U- nai　a-li　ki-ba-toh

　　把石頭（向神座）放在地上。

六、那膜阿笠支衣艮

Na- mu a-li ki-i-kin

有竹製的水筒可以汲水。

七、那無阿笠支衣里

Na- mu a-li ki-i-li

削短的竹製酒杯可以用來喝酒。

八、馬年阿笠沙支里

Ma-ni a-li sa-ki-li

用已經削短的竹製杯子。掏酒給大家喝。

九、亀 阿笠阿味元

Ku- lai a-li a-bi-guan

芭蕉葉子上面，放著飯、碗，準備宴請您的賓客。

十、蕉阿下付 下付每（海）

Ta- a ha-fu ha-fu- hai

把酒到入 hukun（酒甕）舉行祭儀。

十一、有乃阿笠衣利芒

U- nai a-li ki li-mau

裝向水用的 limau（水甕）是用陶土做的。

一二、利芒阿笠支蕉屎（屋）

Li- mau a-li ki ta-u

把酒也倒入 limau。

一三、有乃阿笠支那膜

U- nai a-li ki na-mu

立在那邊的竹子是向竹（立在公廨前）。

一四、有乃阿笠支下

    U-nai a-li ki ha-lai

    請把竹杯置於芭蕉葉上。

一五、吧時羔水支蕉肉

    Pa- si ko-lum ki ta-ba

    用芭蕉皮與葉子包的糕（米買），放在葉子上。

一六、吧時羔水阿味巳（己）

    Pa-si ko-lum a-bi-ki

    用芭蕉的皮與葉子包檳榔，放在芭蕉葉子上。

一七、那莫阿笠支區米

    Na- mu a-li ki au-bi

    用短竹杯掏酒款待賓客。

一八、有乃阿笠嗎龜必

    U-nai a-li ta- ku- pit

    碗是用陶土做的。

一九、有乃阿笠支和君

    U-nai a-li ki fu-kun

    倒入祭祀的酒給與會的人喝，喝完後再倒入水拌勻。

二十、嗎阿下付下付海

    Tah a ha- hu ha-hu hai

    大家來祭祖。

二一、那膜阿笠支竹尾

    Na- mu a-li ki tek-boi

    太祖的靈坐在向竹那邊聽我們歌舞。

二二、丹 那 名 地 嚟 睇 水

　　　Ta-na mija te ta la- lum

　　　從向水上面看到很多美人兒（祖靈）。

二三、那 膜 阿 笠 支 衣 里

　　　Na- mu a-li ki-i-li

　　　請太祖早些下來，跟大家一起喝酒。

二四、孃（媽）年 阿 笠 沙 支 里

　　　Ma-nu　a-li sa ki-li

　　　把所有的酒都帶來，大方請大家喝。

二五、馬 加 下 港（落）支 嚟 肉

　　　Ma-ka-hi-lu　　　ki ta-ba

　　　酒喝光就從外面再抬進來公廨內。

二六、阿 吧 友（婆）若 友 若 悲

　　　A-pa po iu-po iu-pui

　　　大家都進來吧。公廨內有起火。

二七、加 下 港 西 夫 那

　　　Ma-ka-hi-lu　sai-hu na

　　　也請 saifu 喝這杯酒吧！吸菸吧！

二八、那 阿 笠 羔 羔 何（付）必

　　　Na a-li　ku-ku a-hu-pit

　　　因為祭典已經結束後、大家回去吧。

二九、蘸 睇 阿 必 必 支 蘸

　　　Ta-na a-pit-pit ki-ta

　　　我們的歌唱的很好、hukun 很高興。

三〇、衣迷大地誅沙思

    I-mi tai-te tu sa-su

    等一下還要再回來。

三一、六（笠）丟（無）思牙剌加我

    li-bu-su-ya li-ka-gua

    大家都想要回去了（祖靈回去）。

三二、貓膜思牙利加我

    Ba-bu su-ya li-ka-gua

    大家也都要回家吧！

三三、家衣安地落那里

    Ka-i an-te lu-na-le

    回家時請安靜地走路。

淺井惠倫　1931 年 8 月 24 日記錄

林清財　　2010 年 9 月 25 日拼記、翻譯；

　　　　　2013 年 10 月 1 日修訂譯文

董峰政　　2010 年 9 月 25 日校音

附錄二：相關歌謠

本附錄內的文字皆以日文原稿內容刊登

Sir	B-01-A	知母義‧鄂朝來昭和 14 年 10 月 1 日吹込	紙片添付前半不良，後半日本語で「わりがもうございます」「わります」「わりません」なもわり
Sir	B-01-B	知母義‧鄂朝來昭和 14 年 10 月 1 日吹込	
Sir	B-02-A	四方の歌鄂朝來（シライヤ）昭和 14 年 9 月 28 日吹込	
Sir	B-02-B	身体の歌（1）鄂朝來（シライヤ族）昭和 14 年 9 月 28 日吹込	
Sir	B-03-A	身体の歌（2）鄂朝來昭和 14 年 9 月 28 日吹込	
Sir	B-03-B	身体の歌（3）鄂朝來昭和 14 年 9 月 28 日吹込	
Sir	B-10-A	知母義鄂	Siraya 單語＋臺灣語意味
Sir	B-10-B	知母義鄂	Siraya 單語＋臺灣語意味

Sir	B-05-A	1-a 新港 12 年 6 月 13 日	
Sir	B-05-B	1-a 新港 （1-a）	
Sir	B-06-A	ⅡのA （ⅡのA）	新港？
Sir	B-06-B	ⅡのB （ⅡのB）	新港？
Sir	B-07-A	ⅢのA （ⅢのA）	新港？
Sir	B-07-B	ⅢのB （ⅢのB）	新港？
Sir	C03-05-A	22-A 甲仙・平埔蕃 maiulu solo	
Sir	C03-05-B	22-B 甲仙・平埔蕃 maiulu duet 揚台男沈劉涼桃女	
Sir	C10-11-A	21-A 甲仙平埔 Kinisaat	Cf.「說明書」添付資料もわり
Sir	C10-11-B	21-B 甲仙 Bulimunta 男揚台	添付資料わり

Sir	C10-12-A	23-A 甲仙平埔蕃發音劉港	單語號み上げ
Sir	C03-06-B	公廨歌頭社克	
Sir	C03-08-A	31-A 平埔歌天光癖那（12 句）	淺井は「廣」に「辟」で書くが，そのようナ字はない
Sir	C03-08-B	31-B 平埔歌六衣時那 8 句	添付資料には「大衣時那」もわり
Sir	C03-09-A	平埔シヒヒ	

Sir	C05-07-A	28-A 平埔蕃歌 ガニ Kinisaat by 平埔蕃張港	Cf.「解說書」
Sir	C05-07-B	28-B 平埔蕃歌 ガニ Sihihi by 平埔蕃張港	
Sir	C05-08-A	平埔ルママイ	一句の終わりに必ず lumamay が聞こえる
Sir	C05-08-B	平埔イバタママ	
Sir	C05-12-A	25-A Hibulon 9 句 by 張港	Cf.「說明書」
Sir	C05-12-B	25-B tsui-kun-ka 6 句 by 張港	Cf.「說明書」
Sir	C06-01-A	27-A 平埔蕃ガニナホワン（5）	Cf.「說明書」
Sir	C06-01-B	27-B 平埔蕃 ガニ kuba（3）	Cf.「說明書」
Sir	C06-02-A	24-A 公廨歌東大邱園郭萬力	
Sir	C06-02-B	24-B 踊歌東大邱園郭萬力	
Sir	C09-01-A	26-A 平埔ガニ請四方（始メヨリ）Prelude ノ??	Cf.「說明書」
Sir	C09-01-B	26-B 平埔ガニ B 請四方 matakajoban hona ヨリ	
Sir	C10-09-A	小林單語 No.2 潘樹 43	單語號み上げ（mata etc.）

Sir	C10-09-B	小林單語 No.2 潘樹 43	單語號み上げ
Sir	C10-13-A	No.1（小林熟番歌） 潘樹 43 laktamainaga	
Sir	C10-13-B	No.1（小林熟番歌） 潘樹 43 Bilimunta ノウチ	
Sir	C11-01-A	平埔蕃出草歌	
Sir	C11-01-B	平埔蕃出草歌	A も問じか？
Sir	C12-01-A	ヒブロン平埔蕃張港	Cf. 「說明書」
Sir	C12-01-B	ヒブロン平埔蕃張港	最初, 普通に台灣語で話をしているがやがて歌。しかし「ヒブロン」もは違うように聞こえる
Sir	C12-02-A	平埔蕃 1.ヒブロン 2.水石岡脚 3.請四方	Cf. 「說明書」
Sir	D-01-A	頭社題名 1 山歌 2″（山歌）氏名 1.羅清頃 2.楊新枝昭和 13 年 12 月 8 日	スビード速すぎ
Sir	D-04-A	題名 taai 良氏名潘天生昭和 13 年 12 月 7 日頭社良	北大報告書（朝倉 1988）には「文句ノ順間違セキ音アリ中絕セル場所？アリ nuatasan! Refrain thin 女の伴唱」もわゐが, この文言, もこにも見わたらず

Sir	D-04-B	題名 taai 良氏名潘天生昭和 13 年 12 月 7 日頭社良同上	
Sir	D-05-A	題名平埔迎神歌 70-80M 氏名潘天正（頭社昭和 16 年 12 月 7 日）	スピード一定せず
Sir	D-05-B	仝シ	スピード一定せず
Sir	D-07-A	題名 taai. 曲頭社昭和 13 年 12 月 7 日	スピード速すぎ
Sir	D-11-A	題名 1 マラソン 2 仝 3 七年キキン 良 氏名潘天生 昭和 13 年 12 月 8 日 頭社	1 も 3 は歌，2 は唱え言？
Sir	D-11B	題名 1 公廨 2 キニサァアト氏名潘天生昭和 13 年 12 月 8 日頭社	歌：ももには「キニサァアフト」もわゐが「フ」は「ア」の書き誤りだろラ
Sir	D-12-A	題名頭社 taai （1） 氏名毛氏來枝　楊新枝昭和 13 年 12 月 8 日	
Sir	D-12-B	題名頭社 taai （2） 氏名毛氏來枝　楊新枝昭和 13 年 12 月 8 日	
Sir	D-13-A	題名 taai 頭社 （男女合唱） 昭和 13 年 12 月 7 日	

Sir	D-13-B	題名 taai 頭社 （男女合唱） 昭和 13 年 12 月 7 日	
Sir	D-15-A	題名平埔 taai 10 社頭昭和 13 年 12 月 7 日	
Sir	D-16-A	題名太祖歌 11 花蓮港大庄シライヤ平埔	
Sir	D-16-B	題名太祖歌 12 花蓮港大庄シライヤ平埔	

附錄三：大滿舞團歷年大事紀

日期	工作內容／重要記事
2011 年 12 月 1 日	團長阿亮召集對歌舞有興趣之村民，並找來大愛村布農族 savi 老師，在臨時組合屋學跳舞，是大滿舞團第一次團練。 日光小林永久屋落成典禮 2011 年 12 月 24 日，舞團第一次表演，大家穿著紫色族服表演，非常生澀。舞團一開始成立的原因，就是為了在落成典禮演出。
2012 年 7 月 6 日	永久屋落成典禮後，因緣際會下接到了法王達賴喇嘛之淨韻三千晚會演出機會，引此舞團有了短程目標可以延續下去，這也是小林村與法王深厚之情誼。
2012 年 10 月 27 日 至今	回到「小林夜祭」演出，更在 2013 年籌備首次完整 90 分鐘演出，以大武壠族特有的「開向」與「禁向」為主軸，演繹族人的作息與傳統節日，名稱為「回家吧！與太祖牽戲」，之後每年夜祭，團員都會回到小林公廨演出，因為我們都知道，那是我們的傳統信仰，也是我們的根。
2013 年 3 月 7 日 至今	舞團首次至原鄉小林國小歌舞教學。舞團成立的宗旨之一，要將大武壠族文化傳承給下一代，因此從 2013 年至今，舞團都不曾間斷每週四回母校上課。
2014 年 10 月 17 日	公益演出回饋社會，參與創世基金會、華山基金會、福智基金會、平安基金會、無障礙之家、高雄市超越顛峰協會等演出，感恩社會大眾曾經對小林村的幫助，當我們有能力時，也要當一個可以幫助別人的角色。

日期	工作內容／重要記事
2014 年 5 月 16 日 至 6 月 27 日	高雄市 10 所小學巡迴演出，將大武壠族文化帶進校園，並宣導莫拉克風災之生命教育，第 10 場演出結合附近在地小學，於小港社教館舉辦，邀請高雄受災區的表演團體與大滿舞團聯合演出，這也是首場由大滿舞團主辦的正式舞臺演出。 名稱為「愛‧重生感恩晚會」。
2014 年 7 月 18 日 至 7 月 22 日	舞團成立之初，時逢日本 311 海嘯災難，舞團有感於同是自然災害之遭遇，立下至日本災區慰問之宏願，自費前往日本，此次演出的場地是岩手縣的山田町，團員沒有想到能成為幫助別人的角色，完成演出時，大家因為感同身受都流下了感動的眼淚，至今仍是舞團重要的演出之一。
2014 年 9 月 24 日	同年 8 月高雄發生氣爆，舞團參與法王達賴喇嘛於小港社教館主辦之關懷晚會中演出。
2015 年 7 月 1 日 至今	社區大滿劇場落成，與社區小旅行結合，增加村民的收入外，遊客可以透過歌舞了解大武壠族文化與風災後的故事，讓村民當自己的主人，說自己的故事，培養村民的自信，設定目標共同努力。
2015 年 6 月 13 日 至今	舉辦第一屆「大武壠歌舞文化節」，結合族群文化與在地產業，創造屬於日光小林部落獨特之文化活動，日期選在農曆三月十五日前，主要是要呼應另一個大武壠重要祭儀「禁向」，目前已沒有部落舉辦「禁向」，未來期望持續舉辦文化節，直到「禁向」復振後，再與祭儀結合，而在已舉辦結束的第四屆大武壠歌舞文化節中，已經用表演藝術的方式，呈現「禁向」的過程，正一步一步往祭儀復振之路前進。

日期	工作內容／重要記事
2015 年 10 月 7 日	舞團立案，成為高雄市正式之演藝團體，這是一個新的里程碑，在經過多年努力後，團員開始有共識而立案。
2015 年 12 月 12 日	首張古謠專輯獨立發行——《歡喜來牽戲》，累積三年的古謠，透過正式錄音，讓古謠得以保存與傳承，並在高雄市立歷史博物館舉辦專輯發表會，象徵不同的意義。
2016 年 1 月 9 日	與高雄市政府文化局合作，展開社區與文化景點的「歡喜來牽戲巡迴演出」，藉此演出增加社區之間的聯繫，以及在文化景點注入新的元素，讓遊客可以更容易接觸到臺灣平埔原住民文化。也讓舞團提升演出能量。
2016 年 7 月 9 日	參與高雄市政府文化局主辦高雄春天藝術節之全國最大環境劇場大劇《見城》演出，演出角色為當地原來之原住先民，後來因入侵者而遷徙。現場主要以古謠吟唱為主，展現出大武壠族古謠之美。
2016 年 8 月 1 日	至茄萣國小教授大武壠族古謠，為傳統古謠文化扎根，重新建構大武壠族的文化根基。
2016 年 11 月 6 日	「牽戲 牽繫 巡迴音樂會」臺北西門河岸留言，為日後正式規模劇場演出之準備，也是首次於臺北市舉辦索票演出。
2016 年 12 月 9 日	第二張古謠專輯發行——《太祖的孩子》，透過錄音與發行，逐漸建立文化發言權，凝聚族人共識。
2017 年 5 月 23 日	嘉南藥理科技大學展演，演出與親情融合，展現出大滿舞團之獨特性，除了文化面外，成立的背景也是該團重要的故事之一。

日期	工作內容／重要記事
2017 年 5 月 26 日	5 月 26 日起展開校園巡迴音樂會，讓學員透過表演藝術之欣賞，認識臺灣獨特的平埔原住民文化，計有高雄市明誠中學、高雄市中山工商。
2017 年 8 月 3 日	受邀至馬來西亞雪蘭莪原住民藝術節演出，並與當地南島民族原住民交流，做好成功之國民外交，也替臺灣仍在努力正名的平埔原住民發聲，期望政府能重視多元的族群文化。
2017 年 10 月 19 日	「回家　跳舞——小林大武壠史料文物展」，首次與大專院校——嘉南藥理科技大學合作，將風災後文化重建的成果，透過展覽讓更多人能重新認識大武壠族文化。
2017 年 10 月 28 日	首次受高雄市政府之邀，代表高雄市參加姊妹市——韓國釜山舉辦的釜山藝術節演出，讓當地與亞洲各國代表更認識臺灣原住民之文化。
2017 年 11 月 7 日 至今	舞團至杉林區新庄國小教授大武壠族之歌舞，讓小朋友在唱跳之中，能學習到大武壠族之傳統歌謠及相關文化。
2017 年 12 月 8 日	首場售票演出，於高雄市立文化中心至善廳舉辦音樂會——「太祖的孩子古謠巡迴音樂會」，時任陳菊市長全程觀賞，深受觀眾好評，演出人員共 30 位，皆為小林村民，大約有一百位村民出席觀賞，因為許多村民欣賞演出時，都流下思念的眼淚，所以大家都說，這不單單只是一場演出，而是一場心靈療癒的過程，思念家人，但仍大步往前走。

日期	工作內容 / 重要記事
2018 年 3 月 3 日	左營見城演出，此次為見城第二次表演，更加入了大武壠族之立向竹儀式，當立起向竹時，就是祖靈已經跟族人來到的這裡，我們將跟祖靈一起牽手跳舞，希望得到祖靈的祝福。
2018 年 3 月 8 日	「回家　跳舞——小林大武壠史料巡迴文物展」，與大專院校─國立高雄科技大學合作，將風災後文化重建的成果，透過展覽讓更多人能重新認識大武壠族文化，這是第二場巡迴展覽，未來持續會到更多地方展出。
2018 年 5 月 11 日 2018 年 10 月 3 日	展開大武壠族古謠校園巡迴演出，來到了岡山農工、旗山農工，推廣大武壠族文化，讓更多學生可以提早認識臺灣原住民文化。
2018 年 10 月 4 日 至 10 月 9 日	受邀代表高雄市出席韓國水原華城文化節交流，在世界文化遺產「華城行宮」演出，吟唱古謠、傳統舞蹈、在地陣頭，展現大武壠族的文化特色與包容性。
2019 年 1 月 5 日	第三張專輯——《回家跳舞》原聲帶出版，將這三年來所復振的古謠，整理拼音系統與樂譜後出版，作為日後文化傳承之依據，此張專輯也將跟著舞團展開莫拉克十週年全國巡迴演出，分享這十年來的成果與心情。而明年也將在臺中國家歌劇院演出。

附錄四：大武壠族跨部落族群共識會議聲明稿

（2016 年 10 月 6 日）

1. 無論荷蘭時期「大武壠」（Tevorangh）或日治時期自稱之「大滿」
   （Taivoan），均為稱呼我族之名稱，我們在不捨棄任何族名的
   情況下，現場決議以「大武壠族」或「大滿族」為我族唯一族名，
   以前者「大武壠族」為優先族名。亦請相關各界了解各族語言文
   化差異，尊重大武壠族自我認同，勿再稱呼我族為「西拉雅族」
   或「西拉雅族大武壠社群」。

2. 日光小林社區發展協會總幹事王民亮作為前原民會平埔族群事務
   推動小組大武壠族代表，此次面對原住民族歷史正義及轉型正義
   事務，與會族人肯認王總幹事對於族群推動事務較為熟悉，決議
   推派王民亮為大武壠族意見窗口及對外族群代表，並應定期於每
   季召開大武壠族跨部落族群共識會議，向各部落說明大武壠族復
   名進度。

3. 與會族人一致同意：大武壠族回復原住民族身分，應直接納入現
   行《原住民身分法》所定義之「平地原住民」。

4. 為了串連高雄市甲仙、杉林及六龜等地區之大武壠族部落，將籌
   組大武壠族跨部落族群協會（名稱暫定），由日光小林社區發展
   協會擔任臨時籌備小組協助著手立會事宜。

5. 大武壠族群作為高雄市人數最多之未復名原住民族（下以一般慣

稱之「平埔族群」代稱之），阿里關、小林及荖濃等三處部落長期傳承傳統公廨（kuba）祭典信仰等文化，均被列為高雄市文化資產，各部落亦積極復振刺繡、古謠、工藝、民族植物等文化，族群文化獨特且脈絡久遠，高市府不該也不能再忽視大武壠族復名的努力與聲音，應比照臺南市與屏東縣，即刻協助大武壠族取得市定原住民族身分，亦作為蔡英文總統承諾復名全國平埔族群之積極準備。

6. 最後，我們嚴正要求總統府及原民會在形成任何平埔族群復名之具體政策前，應先行徵詢各平埔族群之意見，因此我們要求行政院預定於 10 月 7 日召開之「平埔族群民族身分法規檢討研商會議」，必須有大武壠族人參與！

附錄五：大武壠各資源單位（團體）一覽

臺灣	
▲ 小林平埔族群文物館	▲ 小林社區發展協會
▲ 大滿舞團	▲ 日光小林社區發展協會
▲ 行政院原住民族委員會	▲ 台灣平埔族群聚落活力發展資訊網
▲ 金興社區發展協會	▲ 看見小林
▲ 阿里關平埔文化工作坊	▲ 高雄市杉林區小愛小林社區發展協會

臺灣	
▲ 高雄市政府原住民事務委員會	▲ 高雄市茂濃平埔文化永續發展協會
▲ 遇見。東阿里關	▲ Mata Taiwan

日本	
▲ 國立民族學博物館	▲ 國立東京外國語大學亞非研究所
▲ 天理大學附屬天理參考館	

國家圖書館出版品預行編目（CIP）資料

大武壠：人群移動、信仰與歌謠復振 / 劉正元, 簡
　文敏, 王民亮作. -- 初版. -- 高雄市 : 高市史博館,
　巨流 , 2018.12
　面；　公分
　ISBN 978-986-05-7482-1(平裝)

　1. 平埔族 2. 民族文化

536.339　　　　　　　　　　　　　　　107019933

高雄文史采風　第 14 種

大武壠──人群移動、信仰與歌謠復振

作　　　者｜劉正元、簡文敏、王民亮（依章節撰寫順序）

策劃督導｜王御風、曾宏民
策劃執行｜王興安、余姿慧

高雄文史采風編輯委員會
召 集 人｜吳密察
委　　　員｜李文環、陳計堯、楊仙妃、劉靜貞、謝貴文（依姓氏筆劃）

發 行 人｜楊仙妃
出版發行｜行政法人高雄市立歷史博物館
　　　　　地　　　址 / 803 高雄市鹽埕區中正四路 272 號
　　　　　電　　　話 / 07-531-2560
　　　　　傳　　　真 / 07-531-5861
　　　　　網　　　址 / http://www.khm.org.tw

共同出版｜巨流圖書股份有限公司
　　　　　地　　　址 / 802 高雄市苓雅區五福一路 57 號 2 樓之 2
　　　　　電　　　話 / 07-2236780
　　　　　傳　　　真 / 07-2233073
　　　　　網　　　址 / http://www.liwen.com.tw
　　　　　郵政劃撥 / 01002323 巨流圖書股份有限公司
　　　　　法律顧問 / 林廷隆律師
　　　　　登 記 證 / 局版台業字第 1045 號

責任編輯｜鍾宛君
美術編輯｜黃士豪
封面設計｜毛湘萍

出版日期 / 2018 年 12 月初版一刷
定　　　價 / 新台幣 320 元整

ISBN：978-986-05-7482-1（平裝）
GPN：1010702040